淡海《おうみ》文庫 56

サンライズ出版

滋賀県平和祈念館 編

戦時下の滋賀師範

昭和18年の卒業生

SUNRISE

はじめに

現在の滋賀大学教育学部は、「滋賀師範」の名で親しまれた師範学校（教員養成学校）を母体としています。

師範学校を卒業した小学校教員には兵役期間を5ヶ月で済ませる特典がありましたが、日中戦争が激化した昭和14年（1939）にこの制度はなくなり、一般国民と同様に戦争へ行かなければならなくなりました。

戦況が悪化していくなかで、陸海軍は一般の高等教育機関を卒業した学生を速成訓練して飛行兵にする制度をはじめます。この制度に最初にあてはまったのが、昭和18年（1943）に滋賀師範学校を卒業した学生たちでした。

この学年から多くの方が飛行兵に志願し、そして生還の可能性がない特別攻撃隊の一員として出撃してゆきました。また、志願しなかった方もほとんどが徴兵され、国内外の戦地へと出征しました。

教員をこころざした滋賀師範学校の学生たちは、時代の流れに巻き込まれ、戦争へ行かれたのです。

滋賀県平和祈念館では平成27年度第13回企画展示として『戦時下の滋賀師範―昭和18年の卒業生―』を開催し、戦争で亡くなった方々を中心に紹介いたしました（開催期間：平成28年1月6日～6月19日）。本書はこの展示で紹介した体験談・回想談を増補するとともに、大幅に加筆してまとめたものです。

本書をとおして、先の大戦において滋賀県の身近な人々が経験された苦難に気づいていただき、現在の平和への想いを深めていただければさいわいです。

滋賀県平和祈念館

目次

〔凡　例〕

・本書で手紙・文集等から引用した部分は、明らかな誤字・脱字を訂正し、句読点の補足を行ったほかは、原文のままとした。なお、引用文はすべて抜粋である。
・体験談・回想談・手紙・文集等から引用した文中の、〔　〕は執筆者による註、（　）は編集者が付けた註、□は判読不能の文字を示す。
・引用文には、現在では差別・偏見ととられる表記があるが、歴史的資料という性格を考慮して、原文のままとした。

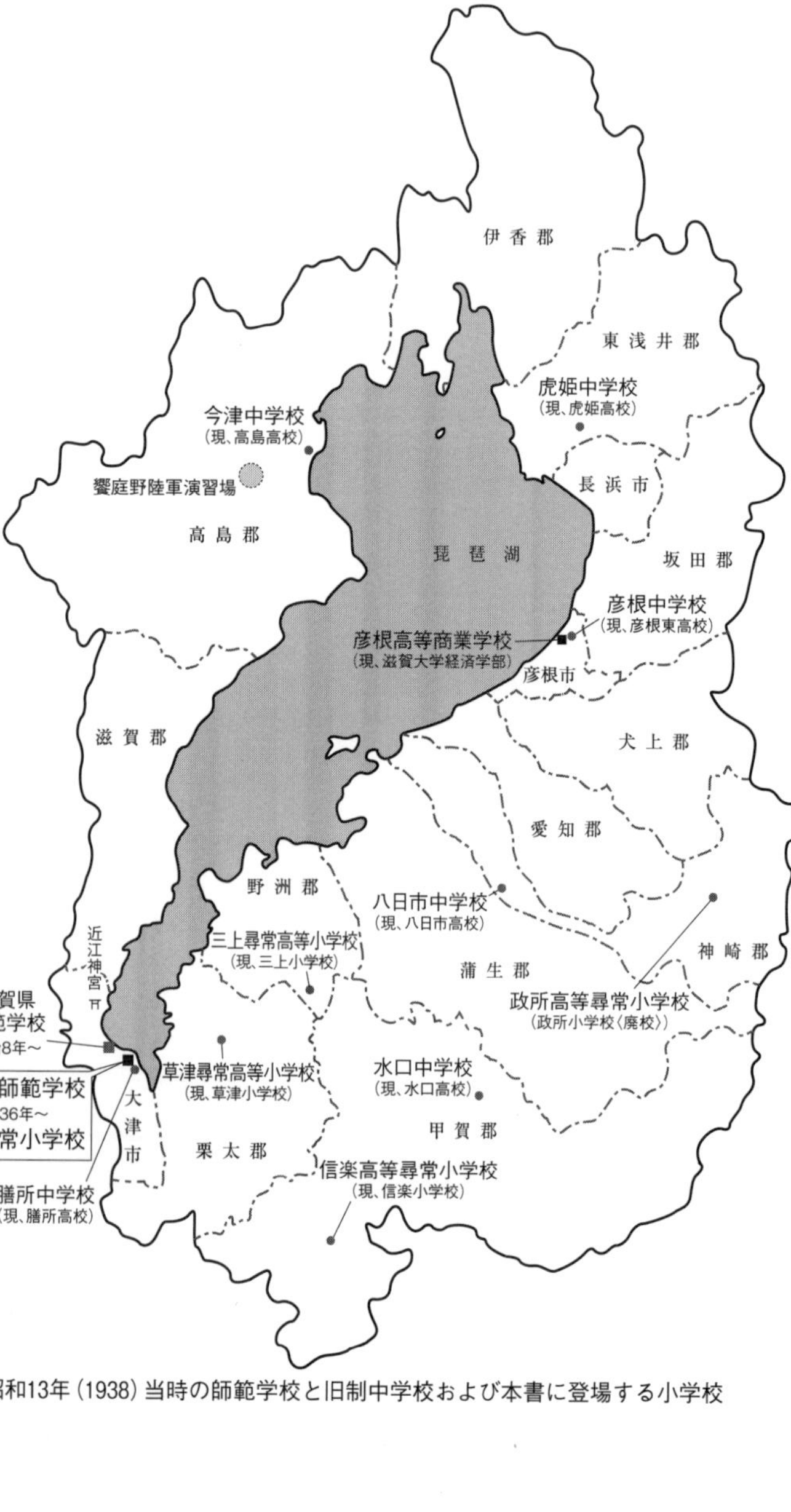

昭和13年(1938)当時の師範学校と旧制中学校および本書に登場する小学校

1

滋賀師範学校

滋賀県師範学校の正門（大津市西の庄、現在の滋賀大学附属小学校・中学校敷地に所在）　堀井治一郎さん提供

滋賀師範学校

「滋賀師範」は、県下の尋常小学校（昭和16年からは国民学校）の高等小学校教員を養成した学校です。昭和17年（1942）までは県立学校だったので「滋賀県師範学校」が正式名称でしたが、昭和18年に官立となってからは「滋賀師範学校」と改称されました。戦後は、新制大学として発足した滋賀大学学芸学部（のちに教育学部）へ移行しています。

師範学校の由来は、明治新政府が明治5年（1872）に公布した学制にさかのぼります。学制は近代的な学校制度を創出しようとする理念的な内容でしたが、そのなかでも全国民に初等教育を受けさせることが重視され、全国に小学校を創設すること、ついで小学校教員を養成する学校を創ることが優先事項としてあげられました。これをうけて各府県には伝習所が設置され、教員の育成がはかられました。

滋賀県でも明治7年に大津に伝習所が設立され、大阪の官立師範学校の卒業生を招請して、現役小学校教員に教授法を伝習させることにしました。この伝習所が滋賀師範学校の前身です。

明治19年（1886）、初代文部大臣森有礼《もりありのり》のもとで学校制度を改める一連の勅令《ちょくれい》（学校令）が公布されました。学校令は、小学校・中学校・大学・師範学校などの制度を定めており、これによって「旧制」と呼ばれている諸学校の基本的な制度が確立しました。この制度は、終戦後の「新制」学校がはじまるまで続きました。

師範学校もこのとき公布された師範学校令にもとづいて設立されます。そして、尋常小学校教員を養成する府県立師範学校と、師範学校および旧制中学校・高等女学校の教員を養成する官立高等師範学校の役割分担が確立しました。

師範学校の制度はこのあと何度か改正が加えられましたが、昭和10年ごろ、つまり本書で紹介する学生たちが入学するころに行われた師範学校はつぎのようなものでした。

師範学校は原則として各府県に1校ずつ設置され、北海道・東京府・大阪府には2～3校が設置されました。就学年数は、高等小学校の卒業者を受け入れた本科第一部は5年。また、旧制中学校の卒業者にも師範学校へ進学する道を開いていて、これを就学年数2年の本科第二部としていました。

師範学校では学生全員が寄宿舎で生活することが定められており、滋賀県師範学校でも実施されていました。学費は免除されたことから、経済的な理由で進学できない人の受け皿になりました。とはいっても、寄宿舎での生活費や教材費など相応の負担が必要だったので、若干名の公費生にはこうした負担に対する補助がありました。教育実習の制度もこのときに確立しています。

また、師範学校を卒業し、小学校に勤務する教員には、兵役《へいえき》（軍籍に編入されて、一定期間軍務に服する務め）を短期間で済ませる短期現役兵制度という特典がありました。昭和10年ごろでは教員の兵役期間は5ヶ月。ほかの徴兵対象者とは別に徴兵検査を受検し、4月に入営して夏休みが終わる8月末に除隊したので、第二学期には復職することができました。こうした特典がある一方で、卒業生には県が指定した小学校に就職することが義務づけられていました。第一部の私費生には3年間の就業義務があり、第一部と第二部の別および公費生であるかどうかによって就業期間に違いがありました。

女子師範学校と高等師範学校についても少し紹介しておきます。

滋賀県女子師範学校は滋賀県師範学校に少し遅れて設置され、当初は滋賀県師範学校に包摂《ほうせつ》された女子部となっていました。その後、廃止された時期があったものの、明治35（1902）年に県立大津高等女学校に併設される形で復活し、新制大学への移行にいたります。

師範学校令公布後の高等師範学校は、しばらくは東京高等師範学校（戦後、東京教育大学〈のちに筑波大学〉に移行）のみでしたが、明治35年（1902）に広島高等師範学校（同じく広島大学教育学部）が設立され、この両校が東西の教育界を長く牽引《けんいん》しました。金沢高等師範学校（同じく金沢大学教育学部）と岡崎高等師範学校（同じく名古屋大学）が設立されたのは終戦直前でした。

女子高等師範学校は、東京女子高等師範学校（戦後、お茶ノ水女子大学に移行）と奈良女子高等師範学校（同じく奈良女子大学）が男子校と並ぶ東西の二校としてあり、終戦の年に広島女子高等師範学校（同じく広島大学教育学部）が設立されました。

県民に親しまれた滋賀師範

伝習所のあとをうけた滋賀県師範学校は、明治8年（1975）に大津上堅田町《かみかたた》（現在の大津市中央小学校の敷地）に設立されました。その後、何度かの制度改正とともに改称したあと、明治31年（1898）に滋賀県師範学校に定着します。場所も明治36年（1903）に膳所町《ぜぜ》錦《にしき》に移設したあと、旧制学校廃止までここに存続しました。現在は滋賀大学附属小学校と附属中学校がある敷地です。

滋賀県師範学校は、県内では彦根高等商業学校（現在の滋賀大学経済学部。多くの大学の前身にあたる旧制専門学校の一つ）に次ぐ上級教育機関でした。しかし、彦根高商には県外から多くの学生が集まったのに対して、滋賀県師範学校はほとんどの学生が県内出身者でした。尊敬される職業であった教員の卵たちが学ぶ「滋賀師範」は、多くの県民から敬意と親しみをうけた学校でした。

滋賀県師範学校校章

昭和18年の学制改正

昭和18年（1943）、長らく定着してきた師範学校の制度は大きく改正されます。最初に紹介したように、県立から官立へと移行し、これにともなって名称も滋賀県師範学校から滋賀師範学校にかわりました。学校の位置づけも、中等教育機関から旧制中学校卒業者を対象とする高等教育機関（専門学校相当）に切り替わりました。就学期間は本科が3年。これまでどおり国民学校高等科卒業者にも進学の道を開いていて、これを予科とし、その就学期間は2年となりました。念のためにつけ加えると、尋常小学校は昭和16年から国民学校と名称を変えています。

つまり、それまでの制度のいい方でいうと、第一部が主体となる学校から第二部が主体となる学校に改まったのです。次ページの図に示すとおり、入学者の学歴で縦割りしていた制度が、修学課程にしたがって横割りする制度に変わったといえるでしょう。これがこの年のおもな改正点でした。

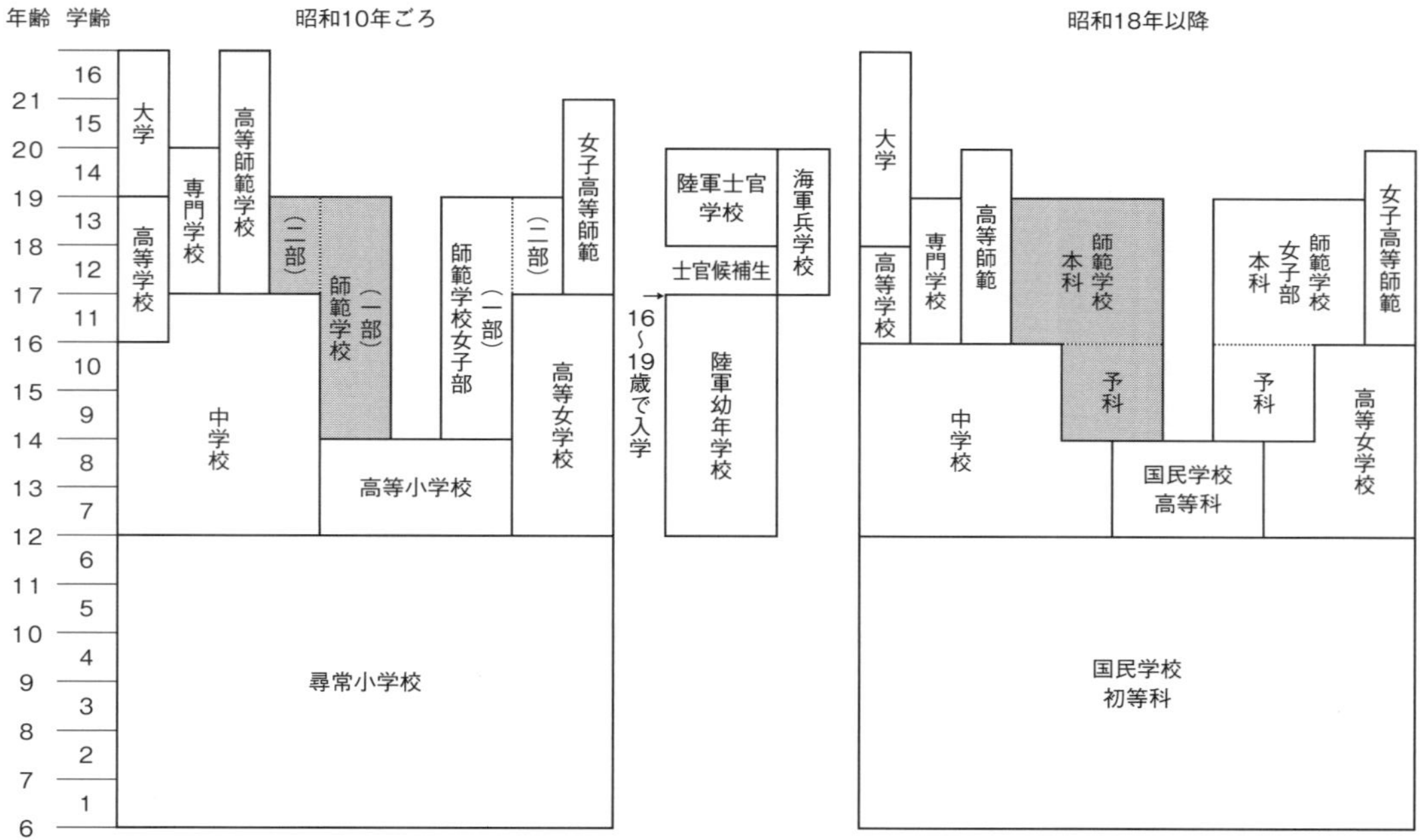
年齢 学齢
昭和10年ごろ
昭和18年以降
6 7 8 9 10 11 12 13 14 15 16 17 18 19 20 21
1 2 3 4 5 6 7 8 9 10 11 12 13 14 15 16
大学
高等学校
専門学校
高等師範学校
（二部）
師範学校（一部）
師範学校女子部（一部）
（二部）
女子高等師範
中学校
高等小学校
高等女学校
尋常小学校
陸軍士官学校
士官候補生
海軍兵学校
16～19歳で入学
陸軍幼年学校
大学
高等学校
専門学校
高等師範
師範学校
本科
予科
師範学校
女子部
本科
予科
女子高等師範
中学校
国民学校
高等科
高等女学校
国民学校
初等科

昭和18年の学制改正

この改正は昭和13年に教育審議会が出した「国民学校、師範学校及幼稚園ニ関スル件」の答申に基づくものです。しかし、この制度の改正は、高等教育機関の卒業生を対象に飛行兵を募集する軍の制度と同じタイミングではじまりました。軍の側からみると、師範学校が高等教育機関に昇格したことで募集対象が格段に広がったことになります。戦局の悪化にともなって飛行兵の不足が深刻であった陸海軍の事情を背景に考えると、師範学校の学制改正は陸海軍の事情にすりよせて施行されたと考えられます。

本書で紹介する卒業生たちは、この学制改正後の最初の卒業生です。旧制度のもとでは昭和18年3月、つまり昭和17年度末に卒業するはずでしたが、新制度の施行によって卒業は1年繰り延べられました。新制度の本科の就学期間は3年、旧制度の第二部（旧制中学校修了者）の就学期間は2年でしたから、旧制度のもとで入学した学生にもう1年就学させることによって、専門学校相当の卒業資格を付与する措置であったようです。

しかし、1年先に延びたはずの卒業は6ヶ月前倒しされました。昭和16年から大学・専門学校・高等学校では、「戦況悪化」を理由に就学期間が短縮されてきたことにあわせた措置でした。この結果、昭和18年度の卒業生は同年9月末に卒業しています。

陸海軍の飛行兵募集は5月に募集開始、7月に応募締め切り、そして10月初めの採用でしたので、師範学生は卒業と同時に入隊することになりました。師範学校の学制改正はやはり軍の都合にあわせて施行されたのです。

このように軍への勧誘が露骨なかたちで強まる前までは師範学校卒業生に認められていた短期現役兵制度の特典は、昭和14年に廃止されていました。師範卒の教員はほかの国民と同じように兵役に服すことになっていました。

師範学校在学中に飛行兵に志願・応募した人は、実際には卒業資格を得てすぐに入隊したため、9月25日の卒業式には出席できませんでした。応募しなかった人も、数ヶ月のあいだ国民学校に就職したあと、徴兵検査を受けてほとんどの人が兵役につきました。

昭和18年の卒業生

昭和18年（1943）の卒業生は、第一部学生は昭和13年に、第二部は16年に入学していました。堀井治一郎さんによると、第一部には37名、第二部には68名が在学していました。第二部学生が第一部の2倍近くいますが、この時点で師範学校は実質的に専門学校相当の機能を担いはじめていたといえるでしょう。

旧制度にもとづいて、第一部は1クラス、第二部は2クラスという具合に別のクラスに分かれていましたが、新制度に変わった18年4月からは本科に統合され、3クラスに編成しなおされました。

ここで昭和18年卒業生のうち、本書で紹介する方々を紹介しておきます。

氏名	生年	師範学校入学前の卒業校	第一部・第二部の別	入隊先
碓本　守さん	大正10年（1921）	附属小学校高等科	第一部	三重海軍航空隊

宇野栄一さん	大正13年（1924）	附属小学校高等科	第一部	陸軍太刀洗航空隊知覧教育隊
曽和敏章さん	大正12年（1923）	信楽高等小学校	第一部	三重海軍航空隊
吉田信太郎さん	大正12年（1923）	八日市中学校	第二部	三重海軍航空隊

この4名は卒業と同時に陸海軍飛行兵として入隊し、戦争によって亡くなられました。親族・同級生からいただいた遺品や回想談があるので、経歴などが詳しくわかっています。本書ではこの4名の方を中心に紹介します。

高橋真一郎さん	大正12年（1923）	彦根中学校	第二部	土浦海軍航空隊
野田忠敬さん			第一部	土浦海軍航空隊
山崎実嘉さん	大正12年（1923）	三上高等小学校	第一部	土浦海軍航空隊

この3名も卒業と同時に海軍の飛行兵に志願し、戦争で亡くなられています。親族や同級生からご本人に関する回想談あるいは写真をいただいています。

以下の方は戦後復員し、小学校教員などを勤めてこられました。ご本人の体験談と戦死された方に関する回想談をいただいています。

小林　進さん	大正12年（1923）	虎姫中学校	第二部	三重海軍航空隊
田中浩二さん	大正12年（1923）	彦根中学校	第二部	土浦海軍航空隊
村田喜一さん	大正12年（1923）	政所高等小学校	第一部	土浦海軍航空隊
今西莞爾さん	大正12年（1923）		第一部	大津中央国民学校に就職後、臨時召集により陸軍に入隊
古田新次さん	大正11年（1922）		第一部	百瀬国民学校に就職後、陸軍（伏見）に現役入隊
堀井治一郎さん	大正11年（1922）	草津高等小学校	第一部	草津国民学校に就職後、陸軍（山口県柳井）に現役入隊。のち甲種幹部候補生に
森　石雄さん	大正11年（1922）	八日市中学校	第二部	市原国民学校に就職後、舞鶴海兵団に現役入隊。のち志願して飛行専修予備学生に
浅井　浄さん			第一部	

森本　実さん		八日市中学校	第二部	
福田哲郎さん		八日市中学校	第二部	

卒業生の経歴にみえる「現役入隊」というのは、徴兵制度のもとで徴集され陸海軍に入隊したことをあらわします。陸海軍の飛行兵に志願した方は卒業と同時に入隊していますが、そうでない方は卒業式のあと徴兵検査を受検して兵役として入隊しました。入隊までの数ヶ月は国民学校の「訓導」（現在の「教諭」）として勤務しています。

今西さんがうけた「臨時召集」は、怪我による障害を持っておられたため、徴兵検査の結果から入隊を見送られて補充兵役となり、改めて召集されたものと思われます。

2

師範学校時代の学生たち

辻川和夫
稲田忠龍
山崎実嘉
寺田広吉
野田忠敬
掘井治一郎
南井福治郎
碓本　守
北川英男
下村利治
曽和敏章
宇野栄一
今西莞爾
（敬称略）

滋賀師範　昭和18年の卒業生
（４年生修業式の日、通学仲間）
宇野博巳さん提供

学生生活

師範学校の学生は全員が寄宿舎で生活しました。寄宿舎では上級生と下級生の6人ほどが一室で暮らしたようです。2年目からは大津とその近隣に住む学生には自宅通学が許されました。昭和13年に入学した第一部学生のうち、自宅通学をしていた方々はとくに仲が良かったそうです。本章扉の写真は4年生修業式の際に通学仲間で撮影したものです。宇野栄一さん、碓本《うすもと》守さん、曽和敏章さんのほか、宇野さんたちに関する回想を話してくださった同級生が写っています。

師範学校の授業は、27ページの表のように基本科目と、4～5年生（第二部では1～2年生）からの増課科目（選択制）に分かれていました。増課科目は教員に専門性を持たせるための課程でした。

このほか、全員参加の部活動、部活動の合宿、修学旅行、最終学年の教育実習、学校教練、明治19年（1886）以来陸軍の演習場となっていた饗庭野《あいばの》台地（高島郡〈現高島市〉）での

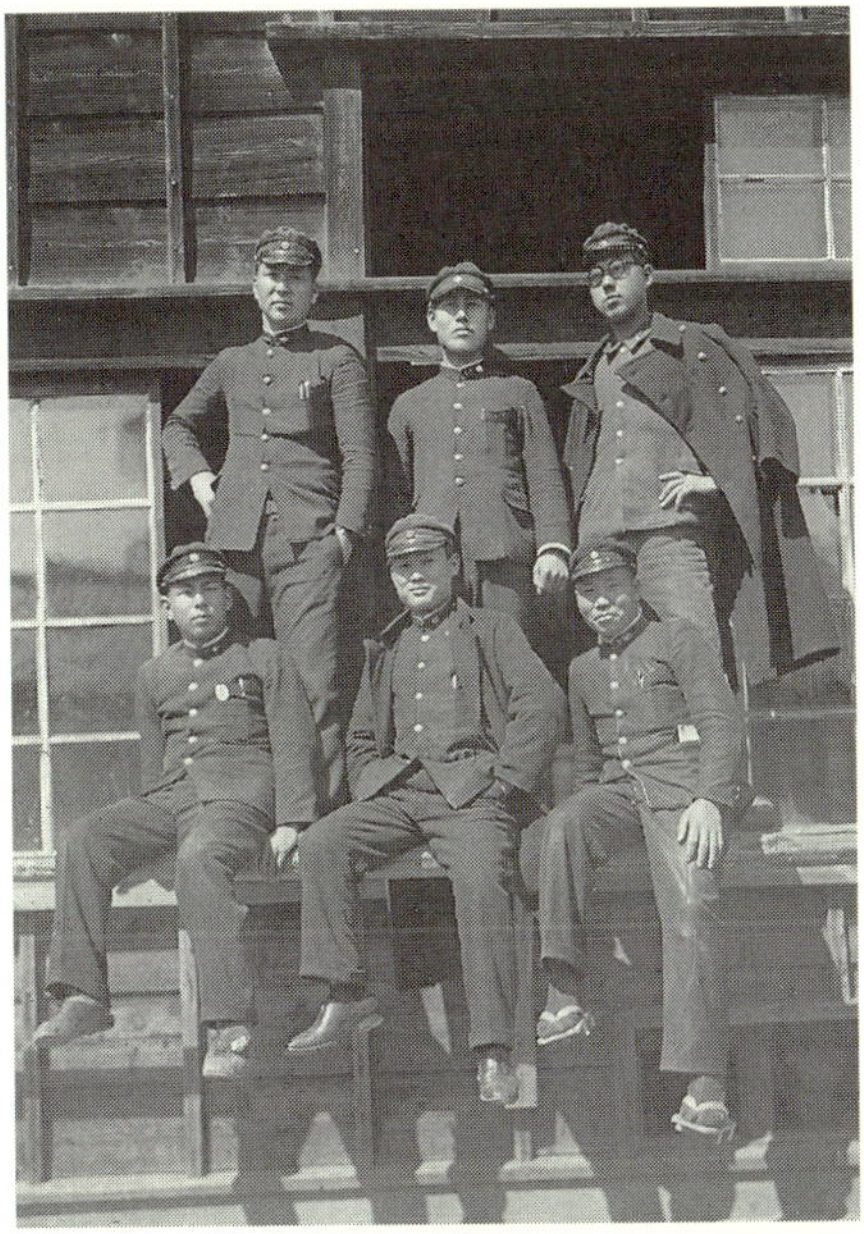

寄宿舎の同室生（後列中央が
吉田信太郎さん）
吉田亀治郎さん提供

寄宿舎の同室生（前列中央が宇野栄一さん　１年生時）
宇野博巳さん提供

軍事演習、舞鶴・深草（ともに京都府）での軍事講習、昭和15年（1940）に皇紀2600年を記念して創祀《そうし》された近江神宮（大津市）の造成工事への勤労奉仕などもあって、忙しい学生生活だったようです。さらに、ハイキング、登山、部活動の地区大会・全国大会といった学生らしい活動も活発だったことがうかがえます。

昭和18年になると、部活動の内容は戦時競技に替わってゆきました。先生方は少しずつ召集されて、また卒業の前に飛行兵の募集がはじまるなど、戦況悪化の影響が教育の場にもおよぶようになって、学校生活全体は徐々に落ち着かなくなってゆきました。

表　滋賀県師範学校の履修科目

一部

	基本科目	増課科目（選択科目）A	増課科目（選択科目）B	増課科目（選択科目）C
1年	修身、教育、国語、漢文、数学、公民科、歴史地理、理科、英語、図画、手工、音楽、体操、実業			
2年				
3年				
4年		国語、漢文、歴史、英語	数学、物理、化学、英語	地理、博物、英語
5年				

師範学校の履修科目には、必修の基本科目と選択制の増課科目がありました。増課科目は3コースに分かれていて、教員に特技的な専門性をもたせるためのカリキュラムでした。

以下の科目に「軍事教練」と、最終学年の「教育実習」が加わります。「教育実習」は第一部は8～10週間、第二部は8週間でした。

二部

	基本科目	増課科目（選択科目）A	増課科目（選択科目）B	増課科目（選択科目）C
1年	修身、教育、国語、漢文、数学、公民科、歴史地理、理科、図画、手工、音楽、体操、実業	国語、漢文、英語、音楽、農業	国語、漢文、英語、音楽、図画	国語、漢文、英語、音楽、手工
2年		国語、数学、漢文、英語、歴史	数学、物理、化学、手工	数学、博物、地理、音楽

入学前の宇野栄一さん

宇野栄一さんは京都市の生まれ。父親の京太郎さんと母親の幾佐《きさ》さんはともに滋賀県出身で、東九条大石橋で乾物商を営んでいました。栄一さんには2人の兄弟がありましたが、2人とも夭逝《ようせつ》したため、栄一さんは実質的に一人息子でした。京都市内の尋常小学校を卒業したあと、滋賀県師範学校へ進学するため高等科から附属小学校へ進みました。

宇野さんのご両親は、小学生時代の成績表、賞状、絵画と写真のアルバム、習字などと、幼稚園時代の品々を大切に保管しておられました。

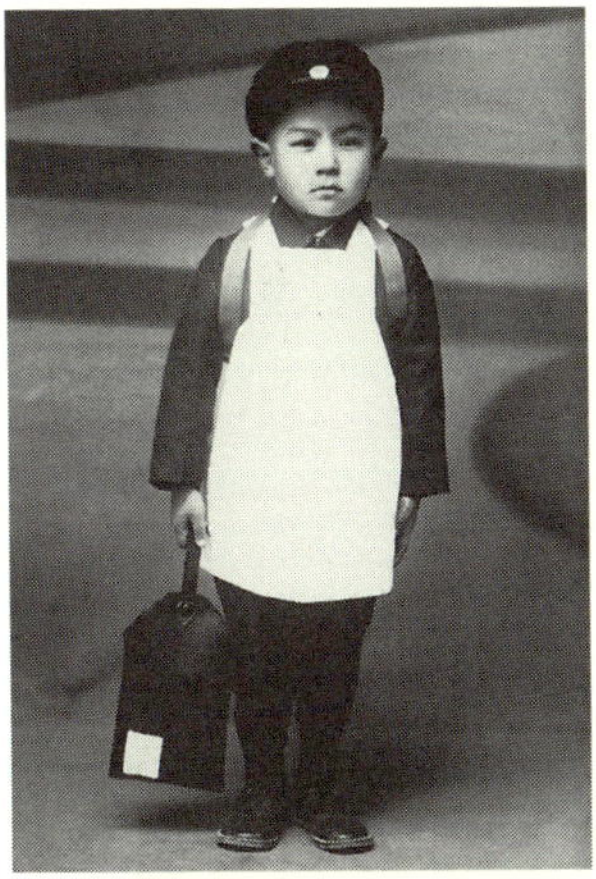

幼稚園の宇野栄一さん

幼稚園時代の貼り絵

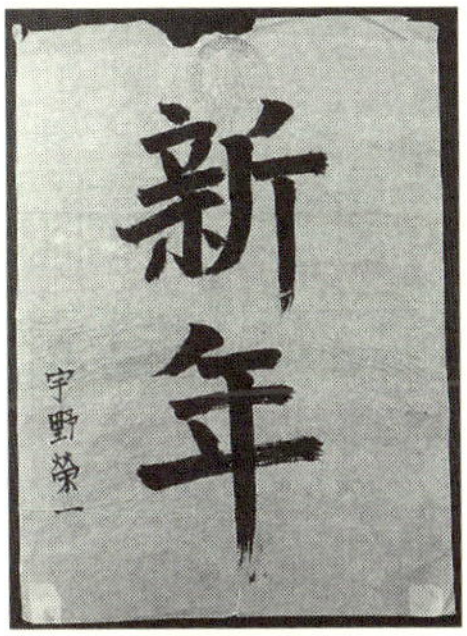

尋常小学校時代の習字。「優良賞」の印がある

幼稚園時代のクレヨン画

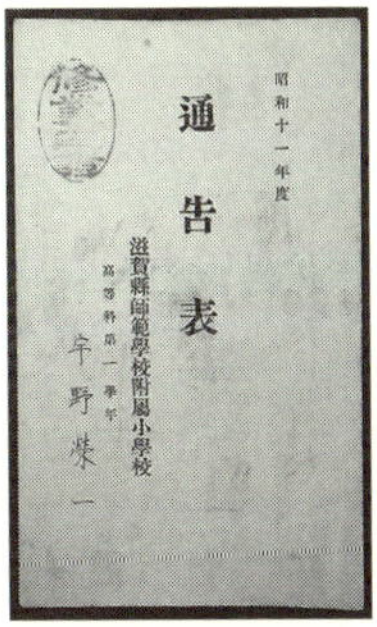

昭和十一年度
通告表
滋賀縣師範學校附屬小學校
高等科第一學年
宇野榮一

滋賀県師範学校附属小学校１年成績表

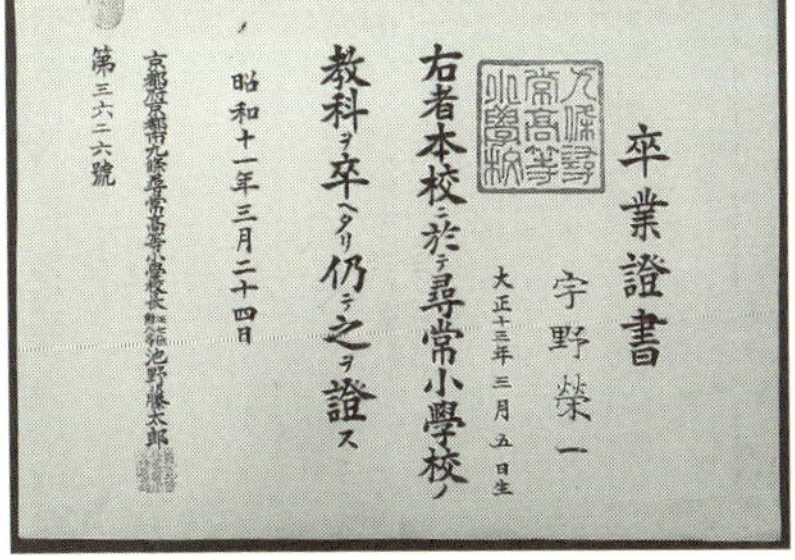

卒業證書
宇野榮一
大正十三年三月五日生
右者本校ニ於テ尋常小學校ノ
教科ヲ卒ヘタリ仍テ之ヲ證ス
昭和十一年三月二十四日
京都府京都市九條尋常高等小學校長　池野藤太郎
第三六二六號

京都市九条尋常小学校卒業証書

すべて宇野博巳さん提供

バンカラ学生だった宇野栄一さん

師範学校時代の宇野さんはバンカラ学生の代表格でした。「バンカラ」は「ハイカラ」をもじった「野蛮《やばん》」なスタイルのこと。旧制高等学校の学生のあいだで流行した、破れた服と帽子を着けて腰に手ぬぐいをぶら下げ、下駄履きで闊歩《かっぽ》するという浮世離れしたスタ

師範学校時代の宇野さん（左）と同級生の御田村亮さん　宇野博巳さん提供

大久保堅二先生

イルが、バンカラ学生の典型的な姿です。本章扉写真と次ページ写真には、そんな宇野さんの姿が写っています。

宇野さんの在学中には、大久保堅二先生という元新聞記者で教育心理学を教える教員がおられました。

大久保先生が「『蛍組』という言葉がある」と言われたことを覚えてます。「トップエリートとして燦然《さんぜん》と輝くことも大切かも知れないが、か細く小さいながらも蛍のようにどこかで毅然《きぜん》と光っていることも尊いことである」といった内容でした。それは私たち学生の将来の歩み方についての示唆《しさ》であるとともに、先生自身のことを語っておられたように思われて、今も覚えてます。

【古田新次さん】

軍国色の強い当時の教育界にあって、大久保先生は自由主義的な雰囲気を持つ数少ない先生の一人でした。こういう大久保先生に対して、学生たちからの人気は二分されていて、バンカラ学生だった宇野さんは「反大久保」の筆頭でした。「お国のために」と説か

４年生の修業式　左から１人おいて、下駄履きの宇野さん、
２人おいて、野田忠敬さん
宇野博巳さん提供

ない大久保先生が許せなかったようです。

ある時、二人の確執がとうとう爆発してしまうというできごとがありました。ところが、そのとき以来、二人は急速に接近して、宇野さんは大久保先生の自宅をたびたび訪ねて指導を受けるようになったそうです。宇野さんと大久保先生の関係は、宇野さんが軍隊に入ったあとも続きました。

また、クラスの級長だった堀井治一郎さんは、宇野さんと曽和敏章さんとのこんな思い出を語っています。

昭和17年の冬休みのことやったと思いますが、宇野栄一君、曽和敏章君と私の3人が、堅田浮御堂《うきみどう》近くの祥瑞寺《しょうずいじ》(臨済宗。若き日の一休宗純《いっきゅうそうじゅん》が修行した寺としても知られる)に泊まりがけで座禅に行ったことがあります。お坊さんが立派な方だとの噂を聞いたからで、成長したい、確固とした信念を持ちたい、という青年時代特有の行動やったんやなあ、と懐かしく思い出します。

【堀井治一郎さん】

サッカー少年だった碓本守さん

私たちは6人兄弟姉妹です。男は守〔長男〕、祐〔二男〕、そして私〔智〕で、長女に幸子、私の下に栄子〔二女〕、千歳〔三女〕がいます。

附属尋常小学校の高等科時代、兄はなかなか元気がよくて、学校から親は何度も呼び出しを受けていたようでした。

高等科を卒業したあとしばらく県庁に勤めていましたが、そのあと滋賀師範に進学したんです。同級生の仲良しグループだった一人に、大津市教育次長を勤めた今西莞《かん》爾《じ》さんがいます。

【碓本守さんの実弟　智さん】

碓本守さんは同級生より2歳年上でした。そのうえ豪傑タイプだったためか周囲から恐れられた反面、たいへん面倒見のよいところがあったようです。

第一部のおそらく入学式の記念写真
３列目左から２人目が碓本さん、同列３人目が宇野さん
宇野博巳さん提供

　２年生になって自宅通学が許された通学組のなかで、碓本君と野田（忠敬）君と私の３人が特に親しくしてました。お互いの家にもよく行き来しましたし。

　碓本君のお父さんは県の職員で非常に厳格な感じの人でした。お姉さんの幸子さんが優しい人で、いつも碓本君をかばっていたように思います。

　碓本君はあまり勉強が好きな方ではなかったですが、サッカーが得意でした。サッカー部の連中はみな血気盛んで、そのなかで碓本君は鎖を持ってたりしてケンカが強かったんです。下級生は何かあると碓本君に殴られるから、彼をとても怖がってました。しかし根は非常に気の優しい親分肌の男なんです。

私が右目を怪我《けが》して入院したときには、彼は週1回、必ず病院へ見舞いに来てくれて、自分のノートを見せながら勉強の内容を教えてくれました。「君に教えてもらって、間違いないのか」と笑ったもんです。

退院後、友達2、3人で道を歩いていると、彼は私の袖を引っぱって「おい、こちら側を歩け」と道路の外側に誘ってくれましてね。右目が見えなくなってしまいましたから、自動車や自転車に引っ掛けられるのを心配してくれたんです。彼はそんな気配りをしてくれる男でした。

【今西莞爾さん】

碓本さんが1年生のとき、病気か怪我で寄宿舎を出ていたことがあったようです。帰宅中の碓本さんに同級生の上杉茂生さんが送った見舞いの手紙が残されています。サッカー部の同級生たちの碓本さんに対する信頼感がうかがえます。

碓本さん（左）と宇野さん
写真表面には、万年筆で「M,Usumoto」「E,Uno」と書かれている

拝啓

其後《そのご》一度は便りをと思ってゐたものの、ついをくれ（遅れ）、失礼致《いた》し候《そうろう》。

さて、毎週の博物の時間に妹尾《せのお》先生より君の様子を聞き、早く健康を回復して帰ってくる様に級友はもとより、わけても一年の蹴球《しゅうきゅう》（サッカー）部の者は近日に帰舎出来るとの模様を聞き、喜びこの上なく指を折数へて待ちをり候故《ゆえ》、我等は早くその日を待ち受け居《お》り様に候。

さて、二学期より暖い日も、つらい日も共にしてきた碓本君、又或《ある》時は二年生と或《あるい》は付属の高等科と試合をした、その度事に君はよく奮闘してくれた。言葉では私は言はないが一年生では君は一番上手と信じてゐる。それ故君の居なくなってからは私は練習の時はなんだか淋しい感じを受けた。

この頃は蹴球部は体操の服装をして、金棒やその他の事を行ってゐる様に候。先《ま》づは長らく御無沙汰《ごぶさた》のおはびまでに候。

敬具

昭和十三年十一月二十四日

【上杉茂生さんより碓本守さんあて手紙】

第一部学生が２年生（?）の記念写真　前列左端が碓本さん、４人目が森さん、右から３人目が村田さん、２列目左から２人目が宇野さん、右から２人目が曽和さん、右端が堀井さん、後列左端が今西さん。前列中央は担任の妹尾先生（左）と狩野先生
宇野博巳さん提供

蹴球（サッカー）部

古田新次さんによりますと、当時の滋賀師範には第一部の部活動として柔道・剣道・ボート・蹴球（サッカー）がありました。また、第二部には陸上競技や籠球《ろうきゅう》（バスケットボール）・器械体操・庭球《ていきゅう》（テニス）などがあったようです。なかでも地の利を生かしたボート部は地方大会・全国大会で何度も優勝しました。

部活動の運営は学生の自治組織「奉公団」が統括していました。どの部に属するかは、極端な偏りがなければ、だいたい本人の希望どおりに入部できたようです。

宇野さんと碓本さんは、古田さんたちとともに蹴球部に所属していました。古田さんは戦後もサッカーを続けながら、滋賀大学と附属中学校でサッカー部の指導にあたってこられました。

滋賀県下で蹴球部があった学校は師範学校と八幡商業だけでしたが、八商は師範の

蹴球部記念写真。白シャツ姿がおそらく１年生時の宇野さんたち。前から２列目右から２人目が宇野さん　宇野博巳さん提供

敵ではなく、いつも10点くらいの差をつけて勝ちました。

毎日の部活動は実に苦しかったです。日曜日でも、朝食のあとほっと一息入れる間もなく「石拾いにこーい」と上級生から寄宿舎に大声がかかると、１年生全員と２年生の蹴球部員が出てきて、２年生の指示のもとで１年生が横一列に並んでグランドの石を拾うんです。１年生の蹴球部員はみなが拾った小石をバケツに集めては捨てに行くのが役目でした。

それから、練習前の準備や後始末、ゴールネットの繕いやボールの空気入れとパンク直し（ボールの中のゴムを出してパンクを修理する）をして、翌日の練習に必要なボールをそろえるのが1年生部員の仕事でした。ネットの繕いとボールの修理は、その日の就寝前の点呼がすんでから毎晩深夜近くまで、蹴球部専用の階段下倉庫前の廊下に集まって、こっそりと薄暗い裸電球の下でやってたんです。この時ほど、早く3年生になりたいと思ったことはなかったです。

3年生になるとやめる者もいましたが、私や宇野君・碓本君は最後まで頑張りました。宇野君は身体はがっちりしているけれども短足で足が遅かった。重戦車タイプで柔道は強かったんですが、サッカーには不向きやったんです。だから、正選手になれなくて、最後まで補欠でした。それでも蹴球部で通したところが宇野君の面目躍如たるところです。

普段はキャップテンの指示のもとで練習し、大会前や合宿時には先輩が指導に来てくれました。指導というよりは、叱咤《しった》激励を飛ばしながらの「気合入れ」と「しごき」でした。もっぱらスピードと持久力とパワーにたよって、スライディングタックルやショルダーチャージを連発して怖がらせるという、格闘的なスタイルが求められました。

蹴球部記念写真。宇野さんたちが３年生ごろか。後列右から３人目が古田さん、前列右端が宇野さん　宇野博巳さん提供

ちなみに当時の選手権大会の戦評には「我が国蹴球界が、最近の傾向として細かい技術習練よりも、荒削りでもよい早い馬力のある激しい蹴球へと導いている結果の現れであろうと考えられるが、反面、本大会が非常時局の真っ只中に開催されたという選手の自覚がこの結果を生んだものといえよう」とありますから、このサッカースタイルは正統派やったんです。

そんななかでも、上級生の巧みな個人技や連携プレーを見ながらハードな練習を毎日くりかえしたので、能力の高い者はなかなか熟達しました。全国大会で上位進出できたのはそのおかげです。遠征費用のために先輩たちが募金依頼に奔走していたのを知って、しごいた先輩にも感謝の気持ちを抱くようになりました。

戦線の拡大とともに戦時色が濃くなり、戦況悪化につれてボールやユニホームやシューズの入手が困難になって、練習がしにくくなりました。配属将校や国粋派の人たちからは「敵性スポーツ」と非難・排斥されるようにもなりました。サッカー用語も門蹴〔ゴールキック〕・隅蹴〔コーナーキック〕・罰蹴〔ペナルティキック〕などと言い換えさせられて、かえって外国語を強制されたような錯覚を覚えました。

【古田新次さん】

学校にも軍国主義の雰囲気が強まるなか、滋賀師範の蹴球部は全国大会で活躍しました。

明治神宮国民体育大会

紀元2600年（昭和15年）を記念した第22回全国中等学校蹴球選手権大会では、県予選で八幡商業を10―1、近畿ブロック予選では京都師範を6―3、和歌山の海南中を12―0と勝ち進んで本大会に進みました。1、2回戦は台湾の長栄中や仙台一中を破って、結局3位まで勝ち進みました。秋の第11回明治神宮国民大会蹴球競技の「師範学校の部」でも3位入賞です。

【古田新次さん】

明治神宮国民体育大会は現在の国民体育大会に似た大会で、大正13年（1924）に内務省の主催で始まり、昭和14年からは厚生省主催で開催されました。明治神宮への奉納と、

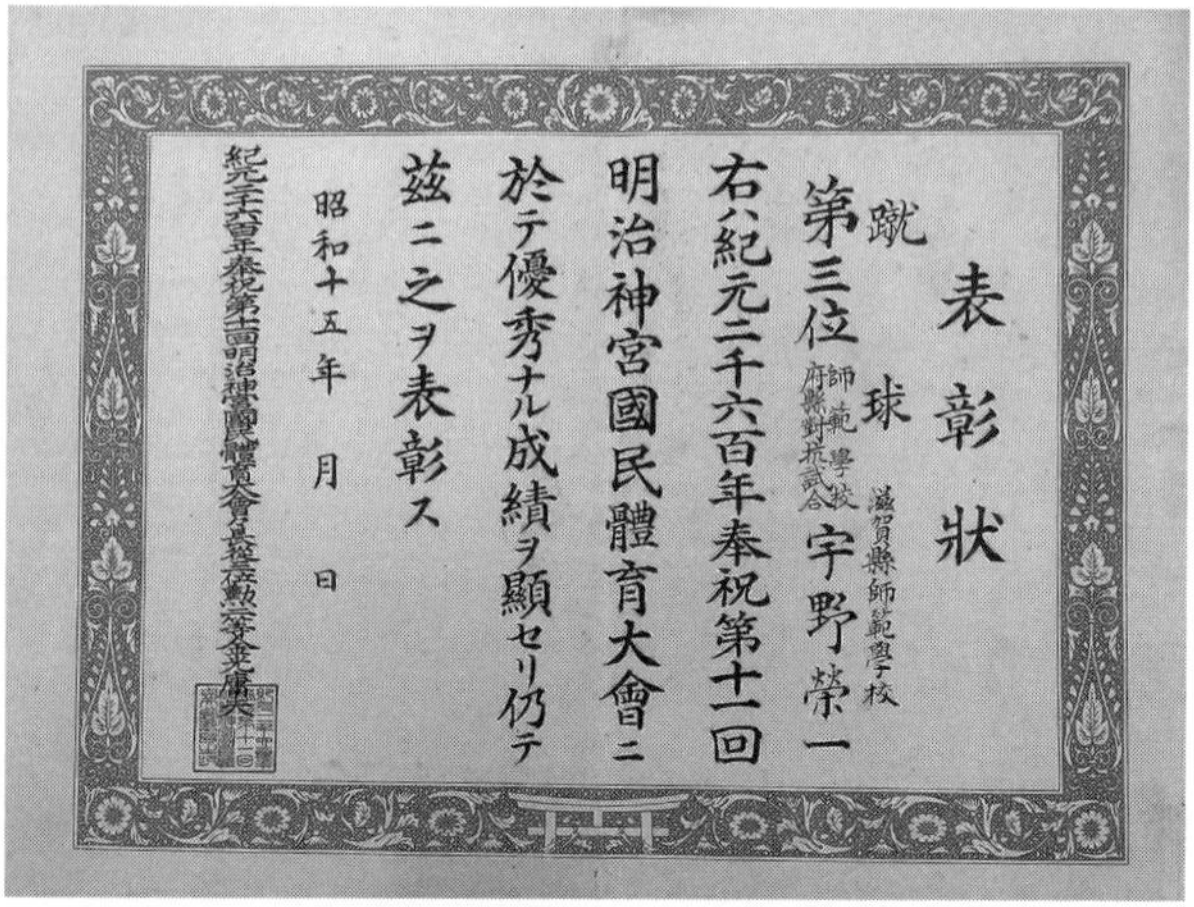
表彰状

蹴球 第三位 師範學校 府縣對抗試合 滋賀縣師範學校 宇野榮一

右ハ紀元二千六百年奉祝第十一回明治神宮國民體育大會ニ於テ優秀ナル成績ヲ顯セリ仍テ茲ニ之ヲ表彰ス

昭和十五年　月　日

紀元二千六百年奉祝第十一回明治神宮國民體育大會會長從三位勳二等金光庸夫

第11回明治神宮国体蹴球３位の表彰状　宇野博巳さん提供

国民の身体鍛錬《たんれん》・精神の作興《さっこう》を目的として開催された総合体育大会でした。

古田さんはサッカーで3位入賞を果たした大会の参加章のことを誇らしく話しています。

夏の（第22回全国中等学校蹴球）選手権では、参加章として鉛《なまり》製メダルをはめ込んだ木製楯《たて》を貰《もら》いました。また、第11回明治神宮国民大会の参加章は、「馬上の神武《じんむ》天皇像」をデザインした陶製（その前の大会はアルマイト製）でした（次ページ）。私にとって、これらの参加章は純金製に勝るくらいの価値あるという気持ちがあって、いまでも大切に保管してます。

【古田新次さん】

第22回 全国中等学校蹴球選手権大会参加章
碓本綾子さん提供

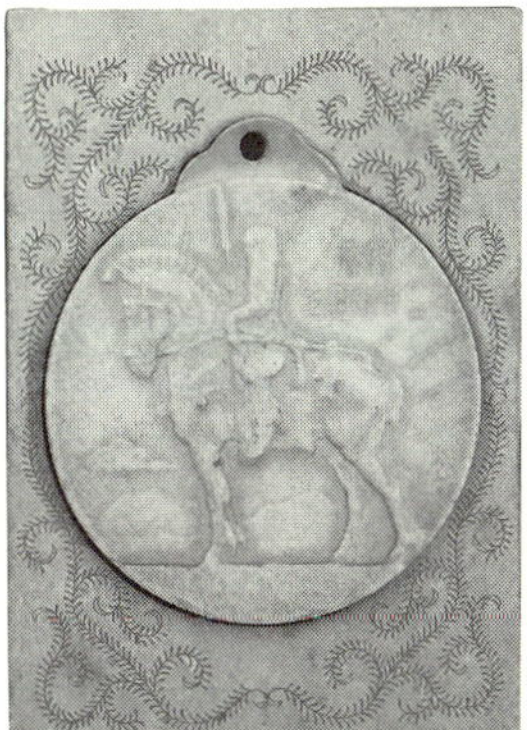

第11回 明治神宮国体参加章　宇野博巳さん提供

鹿児島縣
沖縄縣
朝鮮
臺湾
樺太
関東州
在外邦人
在北支
在中支

第11回明治神宮国民体育大会開会式（九州各県に続いて、朝鮮・台湾・樺太・関東州・在外邦人・在北支・在中支・在蒙彊の団体名がみえる）
宇野博巳さん提供

やがて、蹴球部も明治神宮国体も、時勢を反映して変質してゆきます。

そのうち、学校ではサッカーをやめて戦場競技の練習をするよう指導されるようになりました。戦場競技というのは、射撃、銃剣術のほか、土嚢《どのう》運搬リレー、手榴弾《しゅりゅうだん》投擲《とうてき》、障害壁乗り越えなどをやるんです。すでにたくさんの学生が所属し練習してました。県大会や近畿学生戦場競技競争大会〔京都師団伏見《ふしみ》練兵場で開催〕もあって、私も参加しています。

全国大会で活躍した蹴球部は、昭和18年9月24日に「学徒の対外試合禁止令」が出され、部活動は消えて行くことになりました。

【古田新次さん】

明治神宮国民体育大会は、昭和17年から国民練成大会と名を変え、戦場運動・行軍《こうぐん》訓練・滑空訓練など軍事教練に関係する種目が加わりました。次に紹介する吉田信太郎さんも、第13回大会〔昭和17年〕で行われた戦場運動の参加章を持っておられました。

多才な吉田信太郎さん

吉田信太郎さんは八日市中学校から滋賀師範第二部に入学しました。第二部を卒業した方にとっては、滋賀師範より在学期間が長い中学校のほうに想い入れが強かったようで、吉田さんのアルバムにも中学校時代の写真が多く残されています。

私たちは、男3人女2人の5人兄弟です。信太郎が長男で、私〔亀治郎〕より1歳年上。弟〔三郎〕は私の2歳下です。だから、兄信太郎とよく遊んだのは私の方でした。兄は水泳がとても上手でした。冷たい用水池に飛び込み、潜ったまま池の中を何度も往復して、見ているものが心配になるほどでした。中学時代には湖岸から多景島《たけしま》〔彦根市市街地の沖合約6・5㎞の琵琶湖上にある島〕まで遠泳したと聞いたことがあります。何かにつけて、やりだしたら熱中してしまう癖が信太郎にはあったんです。それにとても面倒見のよい兄貴でした。

兄弟喧嘩《げんか》もよくやりました。縁側で取っ組み合いをして、二人とも縁側から転がり落ちたようなこともありました。兄も私も負けず嫌いでした。

八日市中学校に進学した兄は、隠居部屋で鉢巻きを締めて勉強してました。そんな兄を見て、「進学すると、あれだけ勉強をせんならんのやな」と感心してました。勉強だけでなくて、その頃としては珍しいスキー道具を買って楽しんでいました。油絵もやってました。その上、文学にも関心を持っていたらしい。いろんなことに興味をもって、充実した中学生活を送っていたようです。

【吉田信太郎さんの実弟　亀治郎さん】

八日市中学校の同級生の方々は、戦争で亡くなった吉田さんを偲《しの》んで文集に回想を書いておられます。

（八日市中学校の水泳部では）吉田君の、ターンをする際ヒイヒイ喘《あえ》ぎながら力を出しきって懸命に頑張る姿が、瞼《まぶた》に焼きついて離れない。そういえば水泳部員の記念写真に、彼だけが不動の姿勢で写っている。真面目な努力家、気を抜くことのなかった

八日市中学校　校舎

好漢であった。

【中学〜師範の同級生　福田哲郎さん】

吉田君は中野村今里（現東近江市小脇《おわき》町）から、私は老蘇《おいそ》村内野（現近江八幡市安土町）から八中（八日市中学校）へ（歩いて）通っていた。（中略）吉田君との出会いも、この通学途上にあった。ある日、彼は私に一冊の分厚い小説を貸してくれた。彼の心酔する大佛次郎《おさらぎじろう》の時代小説『照る日くもる日』であった。（中略）私たちは毎日毎日飽きることなく、この（小説の主人公の）ふたりの生きざまを語り合った。

【中学〜師範の同級生　森本実さん】

八日市中学校水泳部　前列右から３人目が吉田さん

八日市中学校　教室でのスナップ　前列右端が吉田さん
吉田亀治郎さん提供

吉田信太郎君の言葉から、

一、元気のさかりに　何知らず　　この日もやがて　ありし世の
　往きてかへらぬ　追憶の　　消ゆらむとこそ　思ひしか

二、人と別れる　一瞬の　　思いつめたる　風景は
　楓《かえで》の梢《こずえ》の　てっぺんも　　野もさながらに　青みたり

当時、彼は国木田独歩《くにきだどっぽ》の作品をしばしば口にしていたから、『欺《あざむ》かざるの記』（独歩が青年期の思索と生活を綴《つづ》った日記。死後に出版された）に出ている、やや脈略の通りにくい詩の影響があったのかもしれない。それにしても詩の一句一句は、彼のその後の運命を暗示しているかのようである。

【中学校の同級生、出目　弘さん】

以上『滋賀県立八日市中学校第十七回卒　記念文集』昭和61年刊　より

師範学校に入学したあとも、吉田さんのスポーツ・絵画・文学に対する関心は続きます。

遺品には、吉田亀治郎さんの話に出ていたスキー用具一式をはじめ、剣道防具一式、中学校時代の水着、ご自身が描いた油絵・スケッチが残されています。スクラップ・ブックには、絵画展の案内や寸評の新聞記事、気に入った絵や写真記事の切り抜きが集められていました。

兄は師範学校でグライダー部に属していたそうですが、詳しいことは知りません。「第13回明治神宮国民練成大会」に滋賀師範を代表し、「戦場運動部」の選手として参加したようです。

兄は入隊にあたって、油絵具を一まとめに整理して「自分が帰るまで使用するな」という意味のことを書き付けた紙を貼りつけ、出発しました。生きて帰ってくるつもりがあったんでしょう。この油絵具と、本人の自画像や、師範学校付近から琵琶湖を見下ろしたらしい風景を描いた油絵の作品が残ってます。

【吉田信太郎さんの実弟　亀治郎さん】

2年のときだっただろうか。ある日の夕方、吉田君が私の部屋（寄宿舎）に、「とう

左上は油絵用の溶き油などを入れた箱。「信太郎用／帰宅迄／手ヲ附ケザル事」のメモがはさんである。右上は絵具箱。右は自画像（油絵）。右下は風景画（油絵）。左下はイーゼル
すべて吉田亀治郎さん提供

とう見つけてきた」と嬉しそうな顔、というより幸せそうな顔をして、西田幾多郎《にしだきたろう》さんの『善の研究』(東洋思想と西洋哲学を融合させた哲学書)を持って来た。それぞれ読書はしていたが、こういった書物を手にし、読みふけった者は少なかろう。吉田君はそんな思索家であった。

師範学校には水泳部がなかった。琵琶湖に面していながら片手落ちだというので、水泳部を創設することになり、吉田君は推進者のひとりであった。わずかな人数で、それでも、大津高女(大津高等女学校)の湖上練習場を借りて練習などしたが、長続きしなかった。財政的な裏付けがなかったからである。そうこうしているうちに、学校の肝煎《きもい》りもあってグライダーが購入され、グライダー部が発足した。水泳部も吸収のような恰好で入部し、指導には同級生に経験豊かな、詳しい者がいて、これが当たった。かなり上達したように思う。

夏の合宿練習の際、寄宿舎で寝泊りしていたのだが、海軍飛行科予備学生の募集があり、部の性格もあって、言わず語らずの間にほとんどの者が応募することになった。吉田君もそのひとりであった。かくして、吉田君は海軍予備学生の一員となったのであるが、応募しなかった私は、何かすまない気がしたものである。

【中学〜師範の同級生　福田哲郎さん】
『滋賀県立八日市中学校第十七回卒　記念文集』昭和61年刊　より

福田さんによると、グライダーに詳しい同級生とは松江堅正さんのことだそうです。松江さんは昭和19年7月8日、南洋トラック島で戦死されました。

修学旅行

滋賀師範では、5年生（昭和17年）に「満鮮《まんせん》旅行」（満州・朝鮮の修学旅行）をすることになってました。この旅行にそなえて1年生から積立をしていたんですが、いよいよ日米戦争がはじまって、だれがいうというわけでなく、「満鮮旅行の積立金をお国のために寄付しよう」ということになったんです。

狩野威信先生

私たちの担任の狩野《かのう》（威信《たけのぶ》）先生に、クラスの代表が寄付の申し出に行ったところ、先生は「一時の興奮にかられるのはよくない。修学旅行は大切な行事だし、学生時代の貴重な思い出にもなる。寄付は必要なときにいつでもできるではないか」と諭されました。この言葉は、いま思うと本当に尊い教訓であったと思います。

戦況の悪化で玄界灘《げんかいなだ》（九州北西部の海域）の航行が危険に

修学旅行の記念写真　明治神宮にて。中央の背広にネクタイ姿が狩野先生
宇野博巳さん提供

なり、結局満鮮旅行は取り止めになりまして、かわりに日光・東京・鎌倉へ旅行をしました。おかげで金銭的に恵まれた、楽しい修学旅行になりました。

いま振り返ると、狩野先生はユニークな存在でした。大津連隊区司令部の査閲《さえつ》（学校の軍事教練の成績を実地に調査すること）のときは、担任教師が学級の先頭に立って、サーベルの剣を捧げて行進したんですが、このときの先生の態度は、けっして凛々《りり》しいものではなかったんです。先生の話のはしばしには、どこか軍国主義に反対するような雰囲気が感じられたものです。

【今西莞爾さん】

今西さんが話している狩野先生は、狩野派の流れをくむ美術担当の先生でした。

教育実習

最終学年にあたる昭和17年（1942）から18年に教育実習が行われました。残された手紙や写真から、附属国民学校だけでなくほかの国民学校でも実習されていたことがうかがえます。教員をめざしていた学生たちは、期待とともに緊張した気持ちで教育実習にのぞみました。

高橋真一郎さんの教育実習は、夏休みを除く昭和17年6月8日から9月9日までの長期間にわたりました。

師範学校で教生をしていたとき、児童の綴《つづ》り方《かた》（旧制小学校の教科の一つで、今の作文にあたる）をたくさん家へ持ちかえり丁寧に読んでいた姿を覚えています。

【高橋真一郎さんの実弟　溥門さん】

（昭和17年）6月8日　月曜日

二部2年進級当初より憧れてゐ《い》た教生がいよいよ今日から始まるのだ。「皆さんと今日から一緒に勉強するやうになりました。先生は兵隊さんと一緒に饗庭野といふ所で訓練を受けて来ました。先生は兵隊さんに負けずにやって来ましたから皆さんも兵隊さんに負けないやうに元気に勉強しませうね」といふ意味の挨拶した。少し難しかったのか児童が聞いてゐないやうに思った。

自分等《ら》は初等科1年に配当されたのだ。家庭生活の続きの児童を国民学校に慣れさせ、皇国民練成の基礎を作らねばならぬ重任にあるのだ。だから我々の任務は重且《かつ》大である。一層勉強して児童を陛下のお役に立つものに作り上げねばならぬ。

【高橋真一郎さんの「教生日誌」より】

碓本守さんは、昭和18年6月28日から1週間を旧八日市町（東近江市）の国民学校で、7月6日から今津国民学校（高島市）で実習されています。実習の様子はお父さんの久義さんあてに送られた6通のはがきからうかがうことができます。

教育実習先の国民学校で（３列目右から２人目が吉田信太郎さん、
４列目右から５人目が碓本守さん）　吉田亀治郎さん提供

18・6・27
無事着任致しました。一、二年の養護学級に配当されました。今日は日曜で児童は来て居りませんが、先生達と面会し、いよいよ明日からです。張切ってやります。

18・6・30
皆御元気ですか。僕も元気で昨日から授業をやってゐます。複式の養護学校で国語をやり、一年と二年の本を持って授業をやるので、中々いそがしいです。
むつかしいと思った授業も、思ったより上手に出来、面白いものでよい体験を得たと喜んでゐます。子供も田舎らしい感じもせず、附属の子供の様な感じがしてなりません。(中略)今日は遠足でした。毎晩寝るのは十二時です。

18・7・1
元気でゐます。今日は算数と体操の授業で西村視学の視察がある筈《はず》だったのですが来られず、張合がぬけてしまひました。中々面白いです。
昨日の遠足の疲れも見せず、子供も頑張ってゐます。愈々《いよいよ》後二日、色々と学校の方でも考へて呉《く》れて下さったが、中々食糧の方も円滑にゆかず、皆弱ってゐたが、何とか都合してもらひ、うどんやぢゃがいも等が米の仲に入り、今日からは少しましです。

18・7・6

八日市の国民学校に比し殺風景な学校です。

先生の話によると高等一年〔私の組〕の男子は余り鋭い子供がゐないとの事です。〔中略〕然《しか》しこれ等の子供を一歩でも進ませてやりたいと願ってゐます。後わづか、全力を盡《つく》して頑張ります。〔中略〕

本当に何も出来ない子供を学校で見て可哀想です。

18・7・8

今日初めて地理の授業をやりました。午後は今津国民学校の分教場に見学、経営等について話をきいて来ました。分教場でも相当大きいのに驚きました。

昨夜の夕刊、今朝の朝刊の滋賀版に豫備《よび》学生の志願について滋賀師範は相当多い様ですし、僕の事等記事にのってゐたそうですが、何としてでも採用して戴きたいと願ってゐます。僕の事は御心配なく。

18・7・9

今日は算数の授業をやりました。調子よく授業が進み、ほっとしました。訓導の先生は僕等が入学した時に（滋賀師範を）卒業された人でまだ若い人で朗らかなものです。気が楽な様なものの授業があるので、どうも気づかれしてゐます。

（中略）この学校の生徒は、（中略）労作方面は割合よく頑張ります。湖の景色もよく竹生島がよく見えて格別です。

【以上、碓本守さんより父久義さんあてはがき】

このころには多くの教員が出征して残り少なくなっていたため、教育実習生は教員の不足を補ってくれると重宝がられたといいます。

附属国民学校高等科２年生と教育実習生たち（前列右から２人目が宇野栄一さん）
宇野博巳さん提供

近江神宮の造成

私たちの年代は、まだ工場への勤労動員はなかったんですが、そのかわりに大津市国分《こくぶ》の西山の開墾《かいこん》に従事したり、立木観音《たちぎかんのん》（大津市南郷にある浄土宗寺院、立木山安養寺の通称）の近くの外畑《そとはた》（大津市石山外畑町）の山へ植林地の下草刈り《したくさ》（苗木の生育を害する草や低木などを刈り払う作業）に行ったりしました。

【堀井治一郎さん】

終戦前には、神武《じんむ》天皇が即位したとされる年を元年とする「皇紀」が定められており、昭和15年は皇紀2600年とされていました。この年を記念して近江神宮を創祀《そうし》することになって、境内地を造成する工事に勤労奉仕が広く集められました。滋賀師範でも各学年の学生が参加しています。

作業中の記念写真（後列左端が堀井さん）　堀井治一郎さん提供

集団勤労奉仕のようす　『官幣大社近江神宮御造営写真帖』より

集団勤労奉仕による造成工事のようす　『官幣大社近江神宮御造営写真帖』より

近江神宮造営の奉仕作業にも何度も、膳所から近江神宮まで歩いてかよいました。当時はどこでも「歩け、歩け」でした。当時の平敏孝《たいらとしたか》滋賀県知事が造成現場へきて、激励されたこともありました。

【堀井治一郎さん】

学校教練と配属将校

中学校以上の男子学生には、正規科目として軍事教練がありました。教練では配属将校のもとで部隊訓練や射撃訓練などが行われ、心身の鍛錬と徳育に重点を置きながら、兵士として基礎訓練を学生につませました。そして、教練の成績は入隊後の士官昇任に大きく影響しました。

滋賀師範には高野秀太郎《たかのひでたろう》大佐という配属将校がいました。大佐は、陸軍では連隊長、陸軍省や参謀本部では課長、海軍では戦艦・航空母艦など大型艦船の艦長をつとめることになる高い階級です。

滋賀師範の配属将校は高野秀太郎という大佐で、助手は妹瀬《いもせ》軍曹でした。高野大佐は大津市中に名

配属将校の高野大佐

前が鳴り響いた有名な人物でした。
高野大佐が自宅近くの京阪電車島ノ関駅で下車しそこなったとき、大佐はチンチン電車のロープを自分で引っ張って、「なぜ、わしを島ノ関で降ろさんのか」と車掌に一喝したといううわさがありました。高野大佐ならありそうなことやと思います。
また、学校教練の授業がうまく進んだので、「よし、それでは今日はこれで授業を打ち切りとする」といったので、学生たちは喜んで下校しました。校外で出会った学校長が「何だ、お前たちは」と詰問《きつもん》されたので、「高野大佐が授業打ち切りといわれました」と答えると、学校長はプリプリ怒っていたそうです。そのくらい軍人は威《い》張《ば》っていたし、特に高野大佐は威張っていたんです。

【今西莞爾さん】

「チンチン電車のロープ」というのは、トロリーポールという電車の屋根の集電装置から垂れ下がったロープのことです。このロープを引いて位置をあわせ、ポールを架線にかけます。高野大佐がこのロープを引くとポールは架線からはずれ、電車は電気を失って停車する仕組みです。当然ながら、普通は運転手と車掌しかロープに触れることはできません。

高野大佐が指導した軍事教練の厳しかったことは、学生の誰もが口をそろえています。

軍事教練はきびしかった。指導を受けた配属将校の高野大佐は、分列行進の歩き方についても「貴様のはカスガイ歩きじゃ。足はちゃんと伸ばして歩け」と注意されました。開戦記念日には石をつめた背嚢《はいのう》（リュックサックのようなかばん）を背負って、宇治や甲西（現湖南市）まで徹夜で行軍しました。

【堀井治一郎さん】

学校には教練のための銃器庫がありまして、機関銃・38式銃・擲弾筒《てきだんとう》・手榴弾《しゅりゅうだん》・雑嚢《ざつのう》（肩からかける布製のかばん）などが常備されてました。それぞれに番号が刻んであって使用者が決まっていまして、手入れが不十分で錆《さび》が出ていようものなら、「たるんどる！」と徹底的に絞《しぼ》られました。

【今西莞爾さん】

教練の時間は、週に3時間くらい。「気をつけ」の姿勢のときに、両膝《ひざ》に隙間があいてガニ股になっていると、隊列の前に引き出されて矯正《きょうせい》を命じられました。「O脚要矯正」と書いた白い鉢巻きを帽子につけさせられたんです。サッカー部員にはO脚が多くて、宇野君や私はいつも両膝の内側にタオルを当てた上にゲートルを巻き、隙間があかないようにして叱責《しっせき》を逃れてました。

【古田新次さん】

碓本君はO脚だったので、高野大佐が「1ヵ月以内にO脚を直せ。お前たちは戦友として、碓本のO脚を直してやれ」と命令したんです。それ以来、暇があったら碓本君の両脚を押さえつけてましたが、そんなんで直るはずがありません。それで1ヵ月後の検査のときは脚に雑巾《ぞうきん》を巻いてO脚をごまかしたら、大佐は「それで良し。赤札！」といってくれました。

学生は名前の書いた赤札と青札を持っていて、ほめられたら赤札、叱られたら青札を提出するんです。大佐の手許に赤札がたまると教練の成績が上がり、青札が増えると下がる仕組みです。

【今西莞爾さん】

みなが教練に熱心だったのは、「教練検定合格証明書」がほしかったからです。この証明書は、まじめに教練に出席して一定の技能に達していると配属将校が認定すると、卒業時に交付してもらえるんです。海軍予備学生や陸軍特別操縦見習士官を志願するにはなくてはならないし、兵役についてから甲種幹部候補生を受験するときにも必要でした。これがなかったら一兵卒のままです。だから、当時の学生にとって教練検定合格証明書は、卒業証書と同じくらい大事なものでした。

当時、「将校商売、下士《かし》（下士官）勝手、兵はその日のすかし得（さぼり得）」といってまして、軍隊へ行くのなら二等兵で絞られるより、将校にならないと損やと思てたんです。

【古田新次さん】

年に一回、大津の連隊区司令官の査閲がありました。分列行進や散兵戦《さんぺい》（敵弾による損害をさけるため、兵士が適当な間隔をとって行動する戦闘）などを2時間ほど行い、司令官の講評を受けるのですが、滋賀師範の軍事教練はいつも「非常に優秀である」と講評

饗庭野演習場の野外演習　宇野博巳さん提供

されてました。

【今西莞爾さん】

学校教練には野外演習や軍事講習も含まれていました。演習は饗庭野演習場（現在は高島市の陸上自衛隊演習場）で数日にわたって行われたほか、京都市の伏見連隊で陸軍の、舞鶴港で海軍の軍事講習を受けました。

饗庭野の演習は3泊4日でした。膳所から半日かけて行軍し、饗庭野で歩兵の戦法を習いました。鉄兜《てつかぶと》にネットを被せて偽装しつつ雑木のはえたくぼみに身を隠し、機会を見計らって隊長を先頭に傘型に展開して突撃する訓練です。白軍と紅軍に分かれ、両方から突撃するんです。饗庭野の地形は雑木の生えた起伏のある地形で目標物はなく、谷間に降りたりするとたいへんでした。

敦賀連隊から西脇《にしわき》少将が来て講評をされ、「優」の評価をされると、滋賀師範に配属されていた高野大佐の評価が良くなるということでした。

饗庭野演習場には、木造1階建ての宿舎が10棟ほどあって、板張り廊下を中心にその両側が一段高い床になってました。その床の上に藁布団《わらぶとん》が敷いてあり、毛布を封筒型に敷いて寝ました。炊事はした覚えがないんです。どこかで作ってもらっていたと思います。

伏見では連隊の指導教官のもとで、擲弾筒の訓練を受けました。これは至近距離にいる敵を攻撃するもので、筒の中に手榴弾のようなものを入れ、敵との距離を考慮しながら角度を決め発射するんです。

【昭和16年の滋賀師範卒業生　橋本武浩さん】

舞鶴では係留されていた東郷《とうごう》元帥ゆかりの軍艦「三笠《みかさ》」で、3日間、水兵と同じ訓練を受けました。甲板《かんぱん》掃除をし、吊《つ》り床《どこ》（ハンモック）を吊る訓練などをさせられました。

【昭和16年の滋賀師範卒業生　三輪鋼彦さん】

＊軍艦「三笠」は日露戦争の日本海海戦で連合艦隊旗艦《きかん》であった戦艦で、司令長官東郷平八郎が乗船していました。「三笠」は大正12年（1923）に廃船となり、横須賀に保存されたので、三輪さんの回想とは齟齬《そご》があります。

3

学生たちの軍隊志願

昭和17年度卒業の附属国民学校児童と、教育実習生として児童を指導した師範学校学生の記念写真。昭和18年３月撮影と思われます
吉田亀治郎さん提供

軍隊の組織

ここで、学生たちが応募した制度について説明しておくことにします。

軍隊は、大小の作戦を指揮する将校と、一般徴集された末端戦闘員の兵士からなります。将校と兵士を合わせて将兵といいます。

兵士は、20歳の国民男子全員に課せられた徴兵検査を経て入営した人たちです。戦争がない平時は、検査に合格した人の中から特に志願した人と抽選で選ばれた人が入営したので、入営者は徴兵検査受検者の約25％ほどでした。

言い遅れましたが、徴兵によって初めて兵役に服すことを、陸軍の場合は「入営」、海軍の場合は「入団」といいました。陸軍の軍隊・兵士がいるところを軍営・兵営といったことから、また海軍では最初に入るところが海兵団であったことから、こういう言い方をしたのです。本書では陸海軍を区別しない場合は「入隊」と書いています。

さて、戦争が始まってから戦況が悪化していくにつれて、兵士の不足を補う必要から徴兵検査受検者の入営率はどんどん上がっていきました。日中戦争が始まった昭和12年（1937）の入営率は47%、戦争末期の昭和19年（1944）には77%に高まりました。またこのころには、除隊して予備兵役についていた人や補充兵役についていた人も召集されるようになり、成年男子はみなが戦地へ行くことが普通になりつつありました。こうした世情のなかで、学生たちはいずれ戦地へ行かなければならないと覚悟していました。

一方、将校（あるいは士官）は陸軍士官学校・海軍兵学校といった幹部養成学校の卒業生だけがなれるものでした。しかし、徴兵制度で現役入隊した人でも、幹部候補生などに志願し、合格すれば下士官（兵士と将校の間の階級）や下級将校になる道がありました。この道に進んだ人は、そこから「兵役」をはなれて「職業軍人」として歩むことになります。将

日本軍の階級（太平洋戦争時）

将校（士官）	将官	大将
		中将
		少将
	佐官	大佐
		中佐
		少佐
	尉官	大尉
		中尉
		少尉

	陸　軍	海　軍
准士官	准尉	兵曹長
下士官	曹長	上等兵曹
	軍曹	一等兵曹
	伍長	二等兵曹
兵	兵長	水兵長
	上等兵	上等水兵
	一等兵	一等水兵
	二等兵	二等水兵

校あるいは士官と呼ばれる指揮官は将官・佐官・尉官《いかん》に分かれ、それぞれは大尉・中尉・少尉のようにさらに3階級に分れています。職業軍人としての将校は全将兵の1％程度、一般学生から入った予備士官をふくめても5％程度だったようです。

村田喜一さんによりますと、少尉に昇任すると身のまわりの世話などをする従兵がつくようになり、食事もそれまでとは比べものにならないくらい良くなったといいます（168ページ）。また、兵舎の外で下宿することも許されていました（104ページ）。将校と兵士は待遇面で大きな差別があったのです。

海軍飛行専修予備学生・陸軍特別操縦見習士官の募集

昭和17年6月のミッドウェー海戦で日本軍は多くの戦闘機と飛行兵を失い、これ以降は戦闘機・飛行兵の消耗戦となってゆきました。飛行兵を既存の制度で育成するのではまにあわないことは明らかでした。この事態に応じるため、軍は海軍飛行専修予備学生と陸軍特別操縦見習士官（「特操」と呼ばれています）の制度をはじめます。

これは、学力を持つ高等教育機関（大学・旧制高校・専門学校）の卒業生・在校生を1年ほどの教育と訓練で操縦士に速成する制度です。志願者は初年兵の階級を飛び越えて、海軍は少尉候補生に準じる予備学生、陸軍は曹長《そうちょう》に相当する見習士官の身分につくという特典がありました。どちらも、少尉（将校の最下位）直前の階級です。滋賀師範学校の卒業生が志願・応募したのはこの制度でした。

昭和18年9月の卒業直後に入隊した学生たちは、海軍飛行専修予備学生の方は第十三期生、陸軍特別操縦見習士官の方は第一期生になります。海軍予備学生はそれまでの制度を拡大したもので、第十二期までは数十人規模の採用であったのが、第十三期には5200名も採用しています。また、陸軍特操見習士官のほうでは2700名を採用しました。飛行兵の補充がいかに大規模で急いだものであったかがうかがえます。

昭和18年（1943）10月21日、雨のなか明治神宮外苑競技場を行進する学徒兵の映像で知られる「学徒出陣」も、飛行兵と前線の下級将校の不足を補うために徴集されたものです。彼らのなかから飛行兵を志願した人は、翌年2月採用の第十四期飛行専修予備学生および第二期特操見習士官でした。

滋賀師範学校の卒業生は、出陣学徒と同じ道を歩んで戦争に巻き込まれたのでした。

特別攻撃隊

戦争末期には、爆弾を抱いた航空機・高速艇・潜水艦等で敵艦船に体当たりし、自爆することで打撃を与えるという、操縦者が生還する可能性がまったくない戦法を軍は実行しました。制空権が奪われ、燃料・艦船・航空機が欠乏するなかで生み出された戦法でしたが、軍内部にも反対する声があったといいます。

このために編制された部隊が「特別攻撃隊」で、略して「特攻隊《とっこうたい》」とも呼ばれました。昭和18年以降の志願学生と学徒出陣兵は、多くの人がこの特別攻撃隊に編成されて、命を落としています。

師範学生の軍隊志願

昭和18年9月、宇野栄一さんは陸軍特別操縦見習士官第一期生に志願して合格し、大刀洗《たちあらい》陸軍飛行学校知覧《ちらん》教育隊（鹿児島県）に入隊しました。彼は自分が選んだ教職への道を断念して、祖国を守るために大空に巣立つ道を選択したのです。栄一さんの進路選択について、両親には事前に相談しておらず、合格したあとその結果を両親に告げたらしいです。

【宇野栄一さんの義弟　博巳さん】

「今にして思ふと、自分が予備学生を志願して受検した時の心理が想像がつかない。只、案外だった事は確かだ。けれども自分の予想して居るより責務は重大である」

【曽和敏章さん】『つはもの手帖』昭和19年2月25日　より

両親は子供の頃に亡くなったので、私たちは祖父に育てられました。兄は滋賀師範卒業を前にして、海軍予備学生を志願し合格しました。祖父には事前相談せず、親戚の人には「行くな」と止められていたようですが、本人は「どうせ出征するのならたんなる一兵卒ではなく、憧れの海軍へ行きたい」といって志願しました。海軍予備学生になると、いきなり短剣が吊るせる（士官になれる）。それが大きな魅力となっていたことも事実だと思います。

【山崎実嘉さんの実弟　正さん】

昭和18年、海軍予備学生と陸軍特別操縦見習士官の募集がありました。滋賀師範は専門学校に昇格していたので、私たちも応募できるようになったということです。学校からはとりたてて勧奨はなかったように思います。すぐ士官候補生になれることは魅力に思いました。当時の青年は、いずれ軍隊へ行って大なり小なり「戦死」という事態に直面せざるをえない、という気持ちを誰もが持っていましたから、しんどい歩兵より、ボーンと一気に死んでしまえる飛行機の方がよいと思いました。

私は浅井町《あざい》（現、長浜市）の生まれで、中学2年のときに長浜へ養子に来ていたので、養母と実父に「志願する」といったら、それぞれ実父あるいは養母がよいといわれるのなら、との返事だったので、どちらにも承諾してもらったと偽《いつわ》って、海軍と陸軍の両方を受検しました。両方に合格したので、好きだった海軍のほうの予備学生を選んで行きました。

【小林進さん】

同級生は第一部第二部あわせて150人ぐらいかな、その中で志願したのは9人だけです。海軍予備学生に採用を命ずるというのが来たから、土浦《つちうら》海軍航空隊（茨城県）へ行く9人が仮卒業ということで、校長室で卒業式をしてくれました。

僕は海軍に憧れていたんです。昔は大将になるのが子どもの夢やったんやな。そういう教育をたたき込まれたもんですから、先生から予備学生の募集が来たから行かんかといわれて、受けたら合格したから行ったということです。

先生に憧れて師範学校へ行ったんですけど、配属将校は「人生50年というけれど、お前たちは25年や、諦めよ」と、国を救うのはお前ら若いもんや、と叩き込まれましてね。それで志願したんです。

祖母は反対しました。親父はまだ若かったんでなかなか説得するのはたいへんでしたけど。まあ、死んでも靖国神社へ行けるのやし、どうせ志願せんでも召集でみな行くんやからしようがないわ、とゆうて説得したんです。

【田中浩二さん】

戦局が厳しくなり、師範学校が専門学校に昇格する1年くらい前に教員の短期現役兵制度がなくなりましたから、師範の学生は教員になってから間もなく戦場へ行かねばならなくなりました。師範学校の授業でも、将来教壇に立つことより、軍隊に入ることが主眼の内容に変わっていきました。なかには「率先垂範《そっせんすいはん》（先頭に立って模範を示すこと）」「生きて帰ってくるより戦死することの方が、忠君愛国の精神を児童に身を以て教えることになる」と極論される先生もいました。

このような先生方の話に感化されて、海軍飛行予備学生・陸軍特別操縦見習士官に志願する者が出ました。そういう学生は卒業式の前に入隊していきましたし、師範学校の先生も軍属などに出ていく人が増えて、学校が全体に落ち着かなくなりました。

【浅井浄《きよし》さん】

専門学校生・大学生を対象に海軍飛行予備学生や陸軍特別操縦見習士官の募集がくると、「誰それが予備学生・操縦見習士官を志願する」などと同級生のあいだでうわさしましたが、私は「軍隊には半年後の現役入団でよい」と思ってました。親も「お前は長男だから、少し先生をしてから軍隊へ行け」といってました。

【森石雄さん】

陸軍特別操縦見習士官や海軍予備学生は私たちの年代から志願できるようになりました。短期間で少尉に任官できるのが魅力でしたが、非常に危険な道を歩むことになるという意識もありました。もっとも、遅かれ早かれ出征して戦地に行くことになるという覚悟は、みなが持っていました。

【堀井治一郎さん】

海軍予備学生・陸軍特操見習士官を志願した人たちと、志願しなかった人たちの当時の想いを並べました。どれも戦後になってから当時のことを回想した言葉です。このなかで曽和敏章さんだけが、敗戦前に志願したときの気持ちを振り返って、自分の言葉で書き残しています。曽和さんは、自分でも意外だったと書いています。

海軍予備学生の募集は昭和18年5月29日付けで出され、7月17日までに所属学校長経由で海軍人事局に提出することとなっていました。本章扉の写真が撮影されたときには、学生たちはまだ志願の意志を固めていなかったはずです。

志願した方は卒業式の前に入隊しています。田中浩二さんの回想にあるように、入隊先ごとに仮卒業式を行ったようです。村田喜一さんによると、土浦海軍航空隊に入隊したのは9月13日だったといいます。

卒業生たちの入隊先は、海軍は三重海軍航空隊と土浦海軍航空隊、陸軍は太刀洗陸軍飛行学校知覧教育隊です。三重空には114ページの写真に写っている第一部の卒業生5人のほか、吉田信太郎さんと小林進さんが入隊しています。土浦空には、先の田中浩二さんの証言どおり、9人が入隊しました。知覧教育隊には碓本守さんあての南井福治郎さん(同級生)のはがきから、南井さん・宇野さんら5人が入隊したことがわかります。以上から、少なくとも21名の方、同期の105名のうち2割の方が志願・入隊したことがわかります。

残された人たちのなかには、すぐにでもあとを追って志願したいと考える人が少なからずいました。右目を怪我で失明していた今西莞爾さんもそんな一人でした。

海軍予備学生として志願し入隊したものは、私たちより一足早く卒業して行きました。残った私たちは9月まで学校にいましたが、それまでに一度、海軍予備学生たちが休暇で学校に立ち寄ったことがありました。真っ白な夏の海軍制服を身につけ、将校帽を被り、腰には短剣、そして真っ白い手袋をはいていました。本当に、痺《しび》れるような恰好です。私は改めて「自分はなぜこんな怪我をしたんだろう」と悔やみました。

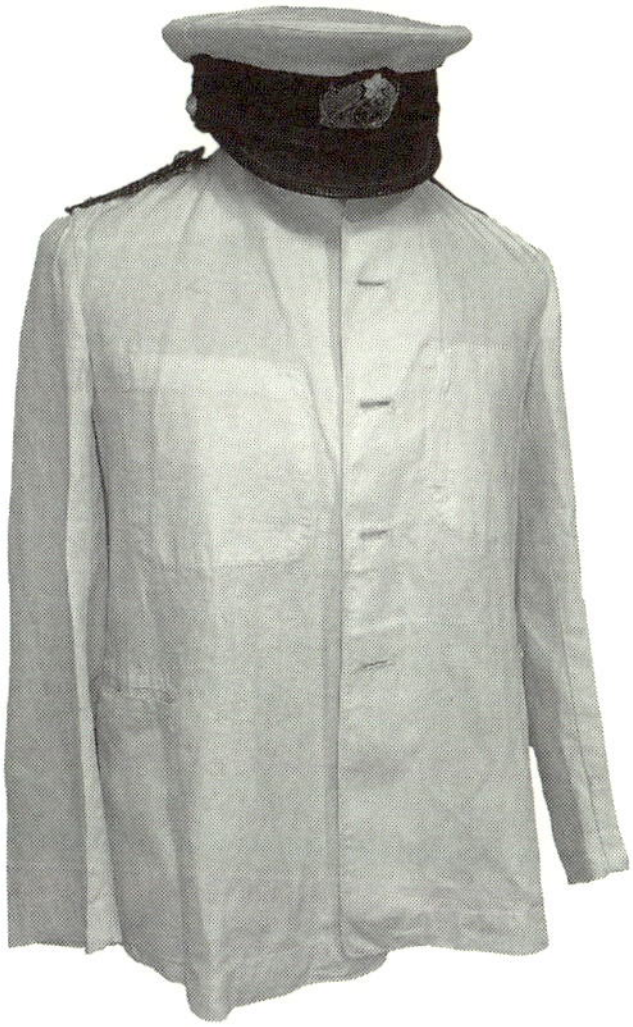

海軍第２種軍服　吉田亀治郎さん提供

当時の師範学校は「皇国民の練成」を教育の中心テーマに据えていて、私たちは「祖国のために生命を捧げる」ことに何の疑いも抱いていませんでした。私も海軍予備学生に志願したかったんですが、右目を失明していては到底無理です。私は、文字通り地団太《じだんだ》を踏んで悔《くや》しがりました。

今から思えば、予備学生たちが学校に帰って来たのは、海軍側の「もっと仲間を呼んでこい」という一種のデモンストレーションであったのかも知れません。

【今西莞爾さん】

滋賀師範学校の卒業式は9月25日に挙行されました。浅井浄さんによると、卒業式には「蛍の光」ではなく「海ゆかば」を斉唱したといいます。碓本守さんの義妹綾子さんは、滋賀師範学校女子部の卒業式でも「海ゆかば」を歌ったとおっしゃっています。「海ゆかば」は万葉集にある大伴家持《おおとものやかもち》の長歌の一部に曲を付けた歌曲です。出征兵士を送るときや戦没者を悼む歌として、終戦まで広く愛唱されました。

「海ゆかば」　　大伴家持　作

海行かば　水漬《みづ》く屍《かばね》　山行かば　草生《くさむ》す屍《かばね》
大君の　辺《へ》にこそ死なめ　かへりみはせじ

残された方々は指定された国民学校の訓導に着任していきましたが、やがて徴兵検査を受け、昭和18年の12月から翌年の春にかけて次々と軍隊に入隊していきました。入隊後、予備学生に志願した方もおられます。そしてこのころには、年齢の高い師範学校の先生方も招集を受けて、入隊していきました。

4

入隊、そして青年将校として

宇野栄一さんの遺品、寄せ書き日の丸　宇野博巳さん提供

宇野栄一さん（陸軍特別操縦見習士官）

宇野栄一さんは、昭和18年8月5日第一次身体検査、9月13日に第二次身体検査を受け、陸軍特別操縦見習士官に採用されると九州の太刀洗陸軍飛行学校知覧教育隊に入隊しました。同級生たちが寄せ書きした「日の丸」には、陸海軍に志願した級友の名がひとりもみあたりません。これは卒業式より前に入隊したため、「日の丸」はあとで送られたのかもしれません（本章扉写真）。同級生の南井福治郎さんから碓本守さんにあてたはがき（昭和18年10月19日付け）によると、知覧教育隊には宇野さん、南井さん、中川原さんら5人の同級生が入隊しています。

入隊直後、一人息子だった宇野さんは両親を心配させまいとする手紙を送っています。

御安心下さい。お父さんも、お母さんも元気でせうね。室員の友達も中々面白い親切な人ばかりだ。いらぬ心配は無用だ。一人息子も五、六人ゐる。此の月中には写真

少尉昇任前、曹長の襟章と見習士官をあらわす徽章、航空部隊に属すことを示す胸章をつけた宇野さん　宇野博巳さん提供

も送る。隊長殿も教官殿も親切な良い人ばかりで、ほがらかである。航空隊はほがらかで明るい。

【両親あて　昭和18年10月】

少しぎこちなさがみえるこの手紙は、初めてご両親あてに書いた手紙だったのかもしれません。

見習士官といっても訓練と兵営生活は厳しいものであったと思われます。村田喜一さんによると、一足飛びに高い階級についた学生あがりの見習士官・予備学生は、幹部養成学校を出た正規の士官からは鍛えなおすべき存在と見られ、一兵卒からたたき上げた下士官からは妬《ねた》まれることが多かったといいます（167ページ）。検閲ではねられないための文面とはいえ、「航空隊はほがらかで明るい」とは内緒で志願したご両親に対する精一杯の心遣いだったとみるべきでしょう。

師範学校の卒業生には指定の国民学校に着任する義務があったので、宇野さんにも着任先が割り振られていました。国民学校の訓導を命ずる辞令は9月30日付。添付された「勤務命令通知書」は大津中央国民学校への着任を命じていて、その左肩には「休職」と朱書

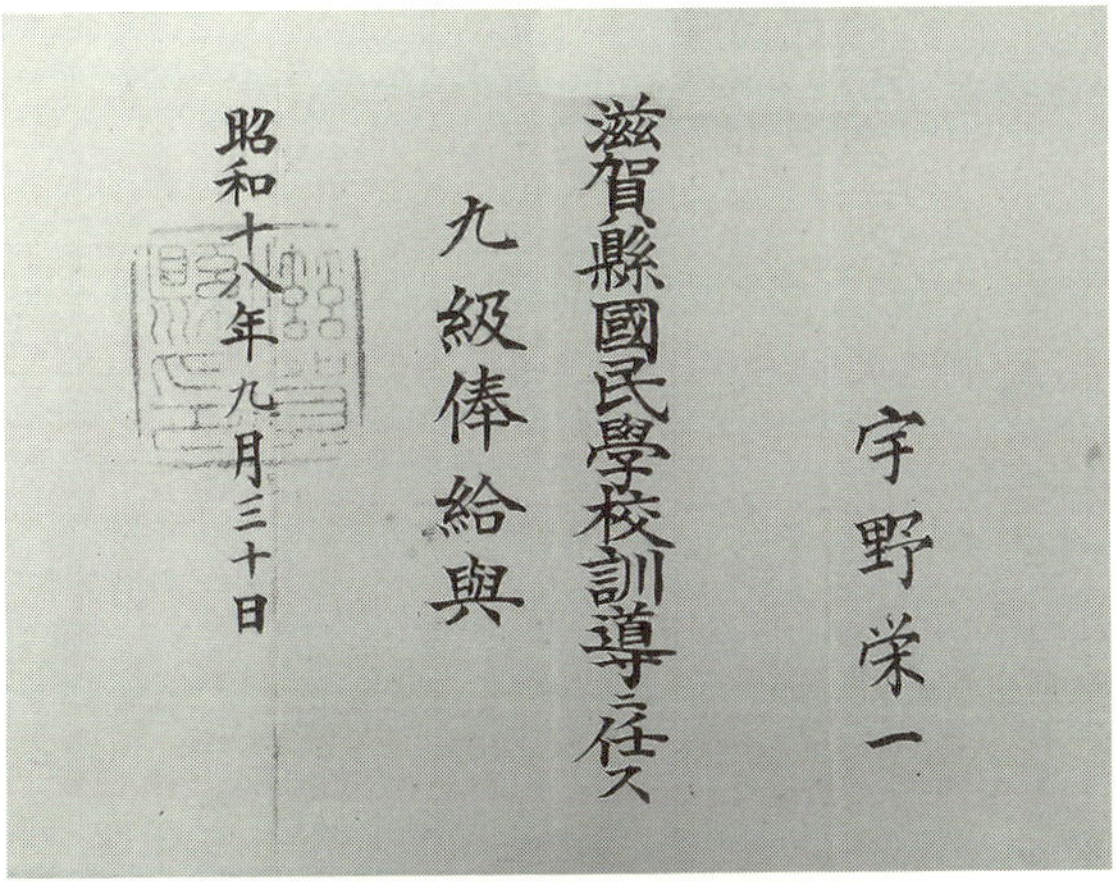

宇野栄一

滋賀縣國民學校訓導ニ任ス

九級俸給與

昭和十八年九月三十日

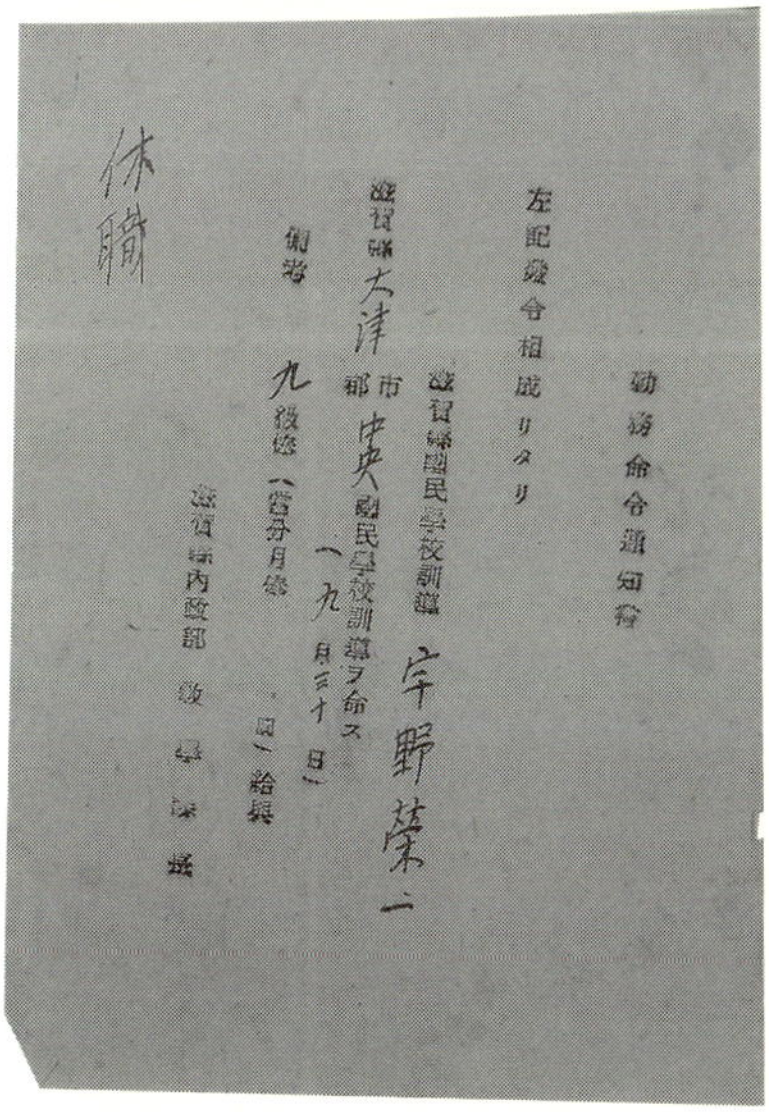

勤務命令通知書

左記發令相成リタリ

滋賀縣國民學校訓導　宇野榮一

滋賀縣大津市郡中央國民學校訓導ヲ命ス
（九月三十日）

備考　九級俸（當分月俸　日）給與

滋賀縣内政部　教學課長

休職

入隊後に送られた辞令（上）と勤務命令通知書（下）
宇野博已さん提供

されています。大津中央国民学校に在籍したままの入隊だったことがうかがえます。宇野さんは着任先を知らされる前に入隊したので、ご両親に自身の着任先を問い合わせ、その返信ではじめて知ることになりました。

生まれて初めて飛行機にのったのですが、生まれて初めて地球から離れる事とて少々気持がおちつかず、ビクビクしてゐました。勿論《もちろん》僕は平気です。海も山も川も家も、みんな小さく美しく見えます。お母さんやお父さんにも一度乗せてあげたいやうな気持がしました。（中略）

所で国民学校の奉職校は定まったやうですが、自分の奉職校はどこですか。さぞ山奥でせう。それとも大津位《くらい》ですか。勿論そんなものはどこでも関係はありませんがね。ちょっと聞きたくなったので。自分と一緒に来てゐる中川原といふのは長浜国民学校だったそうです。

【両親あて　昭和18年10月16日】

ついこの間、皆様達に送られて、入隊したと思ってゐるのに、もう十一月ですから実に早いものです。
栄一の奉職校は大津中央国民学校とのこと。山奥のみと思ってゐたのに大津ノ真中とは少し驚きました。銃剣道は一級とのこと。初段のことのみと思ってゐたのに一級とは少々ゲッソリしました。

【両親あて　昭和18年11月】

宇野さんは満州赴任を終えた翌年7月、両親に少尉昇任と教官着任を知らせています。

お父さんや、お母さんも、さぞお元気の事とお察し致します。栄一は元気一パイやっております故《ゆえ》御安心下さい。
栄一は六月に満洲からかへって、あれからずーっと教官をしてゐます。つい此の間まで教えてもらってゐたのに、今ではもう教官として教えるやうになったかと思ふと、自分ながらおかしく思はれます。
栄一もいよいよ、この十月には少尉に任官する予定です。軍服や軍帽も此の間受取りましたから、御安心下さい。もう任官用の品物は一切そろひました。

（中略）

少尉になると営外にでて下宿する事になります。為に「フトン」や「着物」類が少々ゐるのですが、用意だけそちらでしておいて下さい。送るのは今少しまってゐて栄一から送ってくれと言ってきた時に送って下さい。

と云ふのは、今年中にいづれ外地に出て行くと思います。しかし外地に出ると云っても、戦争に行くのでなく、外地でもやはり今と同じく教官として生徒を教へるのです。

自分の考へる所では、ここ一年間位はまだ戦地に出ないと思ひます。一年間位はやはり今と同じやうに教官をやらせられると思ひます。

【両親あて　昭和19年9月】

師範学校で確執と和解のあと親しくなった大久保先生とは文通を続けていましたが、先生は千葉県の青年学校へ転出していました。大久保先生が宇野さんに送った手紙によると、宇野さんは結婚の相談をしていたことがうかがえます。手紙のあて先は、このころ宇野さんがいた宮崎県の木脇《きわき》教育隊になっています。

下宿先の家族と撮った写真。宇野さんは少尉の襟章、航空部隊に属す飛行兵であることを示す胸章をつけている　宇野博巳さん提供

謹啓　初冬の折から益々軍務に御精進の御程を衷心よりお喜び申上げて居ります。御心の生活を事細かにの御文面何度も暗記するまでおよみしました。大津で京都で接してゐた旧の宇野君は全くのお変り方に感慨無量で居ります。

（中略）

「良い相手云為《うんい》」躊躇《ちゅうちょ》する処なく貰《もら》はれる方をいいと思います。飛行特攻だからなどと考える事なく前途必ずしも定石通りとは限りませんので。このことに関しては手紙では充分に小生の意思表示が出来かねますし、又誤解を招く悪念もありますが結論は上記の通りです。（中略）

一人子故第二世も必要なのは客観的条件。京都の御両親には相談をされましたか。この事に参考を求められること。でも現地で相手方も両方とも好きな方あれば両考までもなく正式の手続のことですね。同僚の方々の雰囲気も考慮に入れることですね。

（後略）

【大久保先生より宇野さんあて　昭和19年12月7日】

20年2月ごろ、千葉県の下志津《しもしづ》飛行部隊銚子分屯隊《ちょうしぶんとんたい》に移動しています。おそらくこのころ、特別攻撃隊（誠第38隊）の編成があったと思われます。3月10日から24日にかけて、訓練のため群馬県前橋《まえばし》飛行場に移動しています。このとき、隊員たちは伊香保《いかほ》温泉で一晩をすごし、旅館に寄せ書きを残しました。また、前橋飛行場があった堤ケ岡《つつみがおか》（高崎市）では、近所の福田ハツノさん・和枝さん姉妹のご家族と短期間ながら親しい接触がありました。

昨日はお懐かしきお手紙と結構なお写真を頂きまして誠に有難とう存知ます。

（中略）

私達（宇野さんの）お写真を見つめて居ますと、何かお話を掛ける様な気が致します。お蔭様でお母さんも大喜びです。

あんまりお便りがないので母さんが心配して居るので八日に速達で出してをきました。丁度行違になってお手紙が着きましたから御安心下さい。（後略）

【福田和枝さんより宇野京太郎さんあて　栄一さん没後の手紙　昭和20年5月9日】

私の家のすぐ裏が飛行場でした。昭和20年の2月か3月のはじめ、家へ2～3名の

訓練中の宇野さん。下写真では後列左から３人目　宇野博巳さん提供

隊員がぶらりと訪ねて来られましたので、お茶やおやつをさし上げました。「俺たち、特攻隊なんだー」と言われてましたが、この中の体格のよい人が宇野さんでした。「お茶くらい入れるからね、また来てくださいよ」とそのときはそれだけでした。その頃、私は家業の農業をしており、妹（和枝さん）は（女子）挺身隊《ていしんたい》（戦中に創設された勤労奉仕団体の一つ）として工場に通っていました。

その後、宇野さんは一人で何度もわが家を訪ねて来られるようになって、来ると炬燵に入って雑談をして行かれました。

話をしている間に、宇野さんは私と同じ年の生まれ（大正十三年）であることが分かり、いっそう打ち解けた気持ちになりました。

ある時、宇野さんは「いついつ、沖縄に飛び込むんだよー」と切り出されましたが、あまり深刻な雰囲気ではありません。「あなた、一人息子でしょ。飛び込むって、そんなこと大変じゃないの」といいますと、「うーん、そうだよねえ。でも、決めたから仕方ないんだよー」といわれます。「出発しても、逆戻りして帰っておいでよ」といいましたら、「帰りのガソリンはないんだよ」と宇野さんはいいました。

三月末にまた来て、「今日、前橋へ行ってこれを貰ってきた」と白いマフラーを見せてくれました。そして、まもなく群馬飛行場を飛び立って行かれました。「この飛行機で行くんだ」と聞いていましたから、出発される日は外に出て皆で見送りました。
宇野さんの両親と出会ったことはありませんが、村葬のときお父さんからのご案内を頂きました。自由に切符が手に入らない時代でしたから、参列できませんでした。代わりに香典をお送りしたことを覚えています。若くして散った宇野さんのことを思うと、いまでも本当に涙が出てしまいます。

【福田ハツノさんの回想】

宇野さんの出撃が近くなったことを察知した大久保先生は、宇野さんのご両親に宇野さんが出撃する宮崎県新田原《にゅうたばる》飛行場へ会いに行くよう手紙を送りました。父親の京太郎さんは、先生をたよって千葉県へ行き、下志津陸軍飛行隊で公務旅行証明を得て新田原へ向かい、そこで面会することができました。
宇野さんは4月6日に新田原飛行場からいったん出撃しましたが、飛行機の故障で帰還。16日に改めて知覧飛行場から出撃し、沖縄西方洋上で戦死されました。

宇野栄一さんの両親は、京都の店を引き払って草津に戻ってきました。終戦後の21年3月21日に行われた宇野栄一さんの葬儀では、滋賀師範学校の同級生を代表して堀井治一郎さんが弔辞《ちょうじ》を送っています（次ページ）。

戦後、父はしばしば滋賀師範学校の清掃奉仕に出かけていました。栄一さんがかつて学んだ校舎には愛着があったのだと思います。

【宇野栄一さんの義弟　博巳さん】

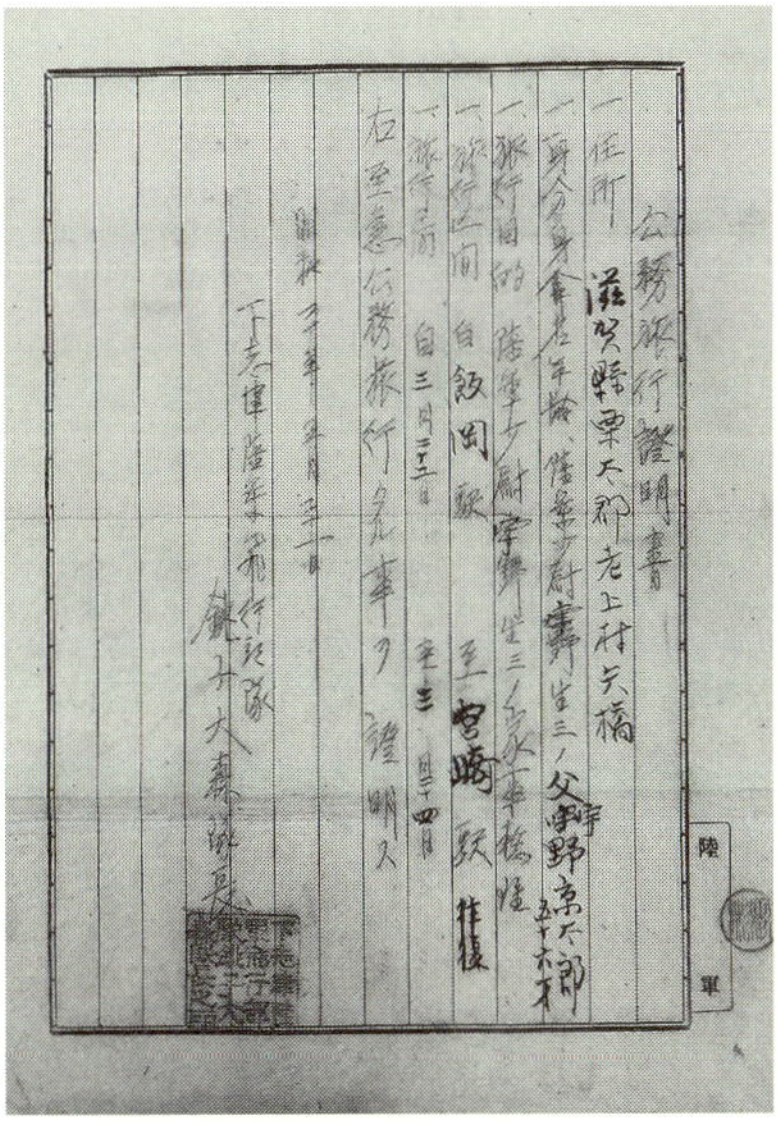
公務旅行證明書
一、住所　滋賀縣栗太郡老上村矢橋
一、身分氏名年齢　父　宇野京太郎　五十六才
一、旅行区間　自飯岡　至宮崎　往復
右至急公務旅行ナル事ヲ證明ス
下志津陸軍飛行隊

下志津陸軍飛行隊長から父京太郎さんに交付された「公務旅行証明書」。急を要する旅行であることを証明している
宇野博巳さん提供

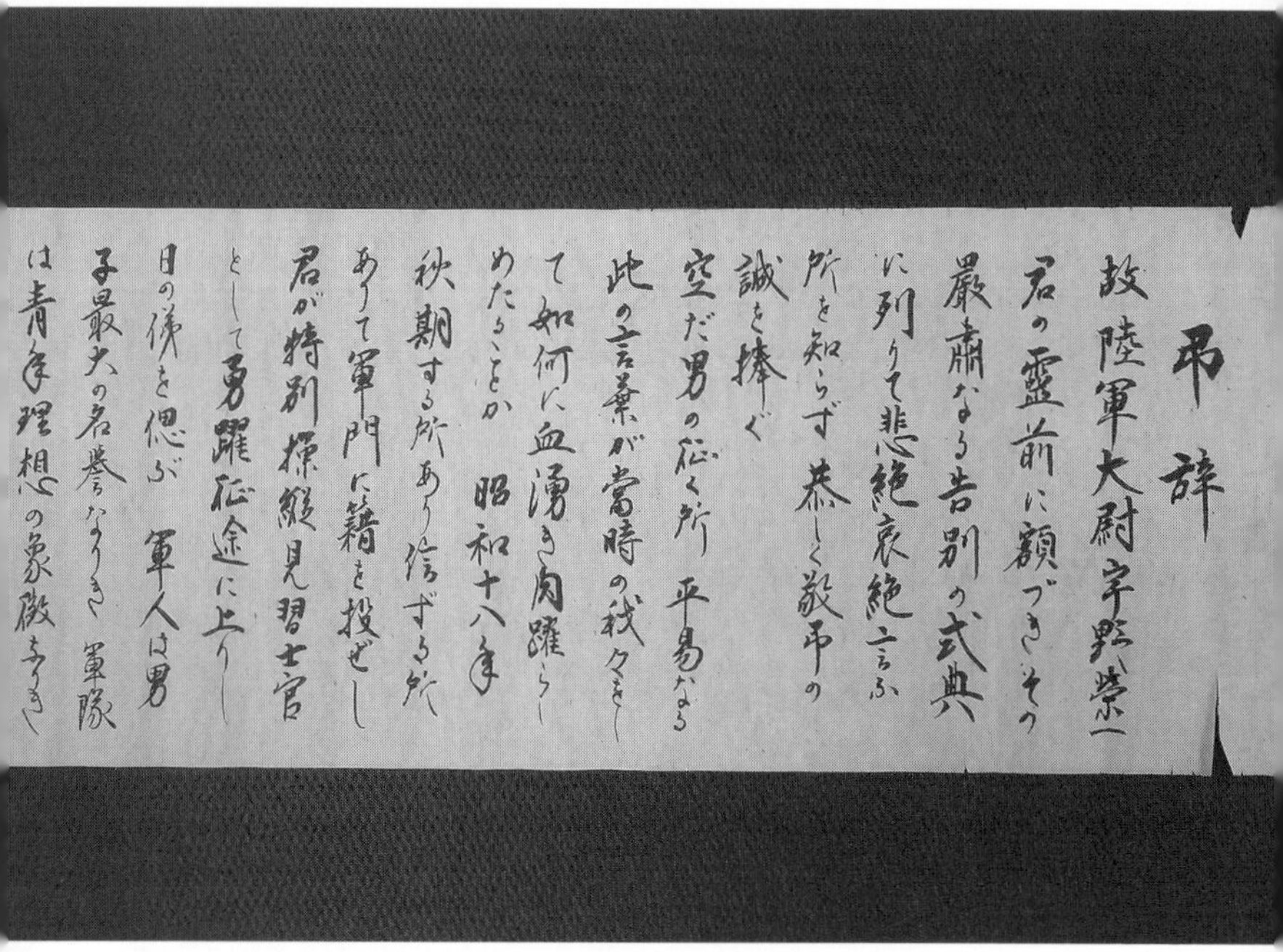
弔辞
故陸軍大尉宇野榮一
君の霊前に額づきその
厳粛なる告別の式典
に列りて悲絶哀絶言ふ
所を知らず 恭しく敬弔の
誠を捧ぐ
空だ男の征く所 平易なる
此の言葉が當時の我々をし
て如何に血湧き肉躍らし
めたることか 昭和十八年
秋期する所あり信ずる所
ありて軍門に籍を投ぜし
君が特別操縦見習士官
として勇躍征途に上りし
日の様を偲ぶ 軍人は男
子最大の名誉なりき 軍隊
は青年理想の象徴なりき

堀井治一郎さんが宇野栄一さんへ送った弔辞　宇野博巳さん提供

碓本守さん（海軍飛行専修予備学生）

碓本守さんは海軍飛行専修予備学生と陸軍特別操縦見習士官の両方に応募していました。師範学校の志願者は多くの人が両方に応募したようです。

海軍を選んだ碓本さんは三重海軍航空隊に入隊します。ここでは師範学校第一部の同級生5名（碓本さん・曽和敏章さん・倉田伊佐男さん・寺田広吉さん・森良弥さん）のほか、第二部の吉田信太郎さんと小林進さんも一緒でした。

昭和19年に博多海軍航空隊を経て、4月ごろ香川県詫間《たくま》海軍航空隊に配属され、少尉に昇任しました。

碓本さんが級友らに配った写真
堀井治一郎さん提供

左から前列が森さん、碓本さん、後列が寺田さん、曽和さん、倉田さん
碓本綾子さん提供

碓本さんは家族や同級生、戦友など、さまざまな人から送られたたくさんの葉書や手紙を残していします。碓本さんも同じだけ書き送っていたのでしょう。師範学校の同級生たちは、自身とほかの同級生たちの近況を報告しています。

前略
碓本兄　永らく御無沙汰致しておって誠にすまぬ。
毎日毎日予備学生諸子から手紙をいただいてゐるんだが、馴れぬ仕事でいそがしく、つい、御無沙汰といった仕末なんだ、悪《あ》しからず。
士官服を着た君達の様子が一度見たいよ。新聞では拝見さしていただいたがね。さておかげで中央国民学校に勤めさせていただく事になり、通勤出来るので喜こんでゐる。然し高二の女なので一寸弱ってゐるよ。君達俺が高二の女といふ事を聞いて、傑作やといって笑ってゐるそうだが〔卓ちゃんのおばさんに聞いたのだが〕、そない笑はんといてくれよ。之でも教壇に立てば立派なものだよ。生徒も若い先生だと非常に喜こんでゐる。あまりなれてしまって友達の様になってしまったよ。此処《ここ》らで一つ爆弾を落としてやらうかと思ってゐるのだ。

下村や北川とは何時《いっ》も電話で話しをしてゐる。今日も下村の学校へ電話を掛けた。彼も仲々元気でやってゐるよ。いそがしくて本当に目が廻りそうだ。もう半月もすれば馴れると思ふが、馴れたらぼつぼつ傑作話をお送りするよ。

鹿児島の方の南井、中島、宇野見習士官殿等も元気でやってゐると便りがあったよ。妹さんに出合って、頭に合ふ帽子がないなど色々と君の事は聞いたよ。今日団誌（滋賀師範の自治組織「奉公団」の会誌『奉公』のこと）を発送したから此の手紙と一緒に着くだらう。おそくなってすまん。皆にあやまっておいてくれ。

実は今日運動会なのだが雨で明日になったのだ。

俺も君達に負けぬ様な教育奉公で頑張るつもりだ。君達も大いに頑張ってくれたまへ。（中略）

他の諸君に好しくお伝え下さい。

【今西莞爾さんより　昭和18年10月17日】

＊今西さんは着任1ヶ月の新任教員の奮闘ぶりを碓本さんに知らせています。高等科2年女子を担任することになって、皆から冷やかされていることを書き送っています。「下村」は下村利治さん、「北川」は北川英男さんのことで、ともに同級生。「鹿

児島の方」の3名は、陸軍の知覧教育隊の特操見習士官になった同級生。


前略、失礼致します。

御立派なる御英姿、送付下され、有難う存じました。

三重入隊以来、以外の御無音に打過ぎ申訳け御座居ません。小生も、其の後、元気で相変らず国民教育に精励致して居ります。今度は貴兄は博多航空隊に転勤された由、御手紙や、御姉上にお聞き致しました。もう帽には金モールのイカリ、腰にはあの憧の短剣を帯刀され、意気に燃へて、明日の戦場、訓練を夢見て御出でになる事でせう。

実に写真は立派ですね。若い将校さんの溌剌《はらつ》たる姿ですね。此の間、一月頃、曽和に出合ったよ。京都で一時間、汽車が停車したので、今西と、西と、曽和の姉さんと母さんとで面会に行った。其の時の曽和の話によると、皆な貴兄や、倉田や、森におくられて出て来たと云ってゐたよ。実に、彼も立派な姿で日本刀、短剣を帯刀してゐたよ。早く出征するものですね。もう来る四月には少尉だそうですね。吾々も実に羨ましいぞ。私も今年は予備学生の諸兄達の後を追って行くつもりです。どうですか。今年も試験はあるのですか?　是非貴兄の方で問ひ合わせて御知らせ下さい。話によると、今年は学徒出陣が多くさんあったので予備学生はないとか聞きますが、ほんたうですか。それだったら、げっそりします。

魁の同級諸君も大分入隊しました。浅井、上林、上杉政、御田村等は十二月に入隊したよ。下村は即帰で、又藤尾の学校へ再び勤務してゐる。一ぱいで送ってやったが…仕方がないね。又、今西も応召で、伏見入隊しますよ。二十五日の朝浜大津出発するので、御見送りに行かうと思ってゐる。堀井、西が四月十日に入隊する。

今度二十五日は草津で第二回の同級会があります。もう最後ですから、大いに飲んであばれるよ。妹尾《せのお》先生、曽和教官も応召されて行ったよ。俺も四月に検査で入隊するのが9月頃だと思ふ。それまでに予備学生の試験が今年も去年と同じ様にあれば貴兄らの所へ行き度く、今では思ってゐる。北川も一緒だ。若し行ったら宜敷《よろし》く頼むぜ。

（後略）

【稲田忠龍さんより　19・3・24】

＊将校姿の写真を送られたことに対する稲田忠龍さん（同級生）の礼状。碓本さんと同じ三重空の曽和敏章さんと京都駅で出会ったことを知らせる中で、碓本さんや曽和さんの青年将校姿を羨望《せんぼう》しています。文中に出てくる名前はすべて師範学校の同級

生・教員です。「金モールのイカリ」は海軍の帽章、腰に帯びる「短剣」は海軍士官の象徴でした。

残された手紙の中に、川瀬玲子さんから送られた手紙がたくさんあります。碓本家と川瀬家は家族ぐるみの付き合いがあったようです。川瀬さんは大津高等女学校に通う16歳（昭和20年当時）で、附属国民学校高等科で碓本さんの実習の授業を受け、入隊直後から文通が始まったようです。

前略

其の後も元気で軍務にお励みの事とお察し致して居ります。

文箱整理を致して居りますと、お兄様よりいただいた御手紙18年9月26日を初めとして20年3月21日迄22枚を見つけ一枚一枚読んで行く中に、ついなつかしくなって、しらずしらずペンを走らせることになりましたの。

昨日の晩、お兄様が私の家へいらっしゃって皆でたのしい会話をしてゐる夢を見ました。私は一日もわすれられず時々このような夢を見ますの。又間があればお写真を眺めてゐます。

今年はお妹さんが県女《けんじょ》（滋賀県立大津高等女学校）におかかりになったのですって。ほんたうにお目出たうございます。お兄様もさぞお喜びの事と存じます。私の家の下隣のおとふ屋さんの美代ちゃんも受かられましたわ。（中略）

今晩は、お兄様が三重航空隊におられた時、班長をなさっておられた菅野とおっしゃる方が見えたので、色々とお話致しておりました。その方のお話によりますと、滋賀師範からの学生は皆よく勉強するといってほめておられました。それをお聞きして私も涙がこぼれるばかり嬉しく思ひました。お兄様の二分隊もしつているとおっしゃるものですからお写真をお見せしましたら、「よく見た方だなあ」といって、なつかしさうに見つめておられました。

では、今晩はこれまでに。お兄様とお合ひ出来る日をたにしみに筆を置きます。

乱筆乱文お許し下さいね。

【川瀬玲子さんより　昭和20年4月1日】

碓本さんは19年8月ごろから、詫間で予科練習生を指導する教官をつとめました。

碓本さんの写真３枚　すべて碓本綾子さん提供

とても部下思いであったそうです。部下が腹をこわしていると「よし、代わりに自分が出てやろう」というようなところがあったらしくて、亡くなったあとも部下だった人から手紙などが来ていました。

【碓本守さんの実弟　智さん】

昭和20年2月、水上機による特別攻撃隊（琴平水心隊）に編成されました。九四式水上偵察機と呼ばれる大きなフロートをつけた飛行機を使って訓練したあと、鹿児島県指宿《いぶすき》に移動し、5月4日に出撃しました。碓本さんを操縦士として、ほかに偵察士、電信士の計3名とともに飛び立ちました。そして、沖永良部島《おきのえらぶじま》周辺で戦死されました。
出撃の直前、最後の手紙を家族に書き送っています。

拝啓　長い間御無沙汰許り致し誠に申訳ありません。皆々様何時も御元気の由、慶賀に絶へません。私も元気です。愈々《いよいよ》出撃です。長い二十五年本当に有難う御座居ました。私は悠久の大義に生きて行きます。

碓本さんの出撃直前の写真。上は手前右端の後姿、
下は手前列左端が碓本さん　碓本綾子さん提供

私の今まで詑間に於ける状況は私の教へた練習生からきいて下さい。

では、皆様いついつまでも元気にやって下さい。

父上、母上、幸子、智、栄子、千ちゃん、皆さようなら

守

皆々様

荷物の方も行李《こうり》だけは後から送ります。トランクは練習生が外出の時家まで持って来て呉《く》れます。練習生が遊びに来た時は可愛がってやって下さい。この練習生は練習機で離着水だけをやって後取止メになったのです。残念ですが致し方ありません。

師範学校の方にも宜敷《よろしく》。

川瀬、猪飼の小母さんにも宜敷。


【碓本守さんの家族あて手紙】

碓本さんの父久義さんは県庁の社寺兵事課で兵役事務を担当され、また母寿子さんは看護婦として日中戦争に従軍されていました。そして、守さん、祐さん、智さん三兄弟もそ

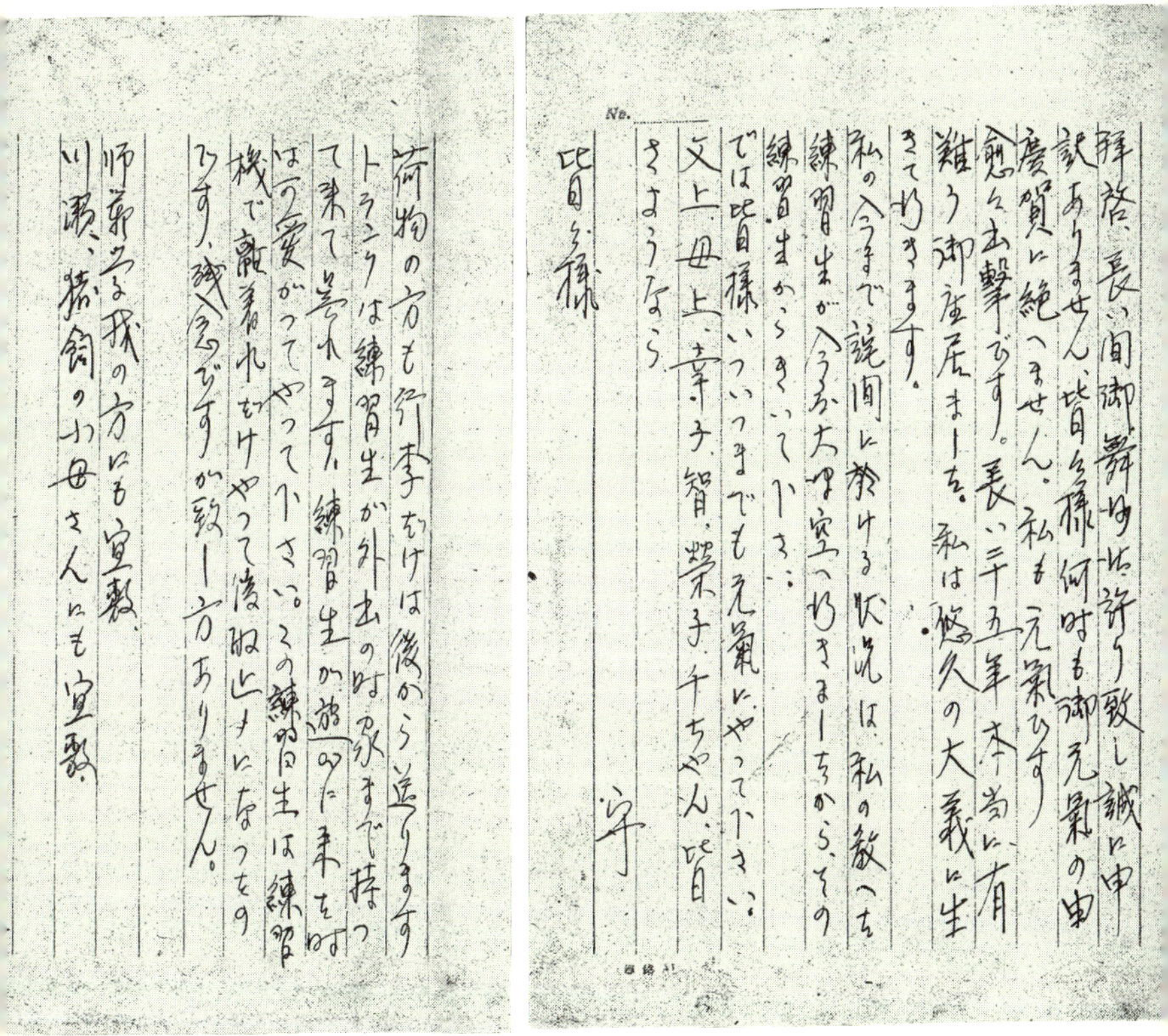

拝啓、長い間御無沙汰許り致し誠に申訳ありません、皆々様何時も御元氣の由慶賀に絶へません。私も元氣です。愈々出撃です。長い二十五年本当に有難う御座居ました。私は悠久の大義に生きて行きます。
私の今まで瞬間に於ける状況は私の教へた練習生が今から大空へ行きましたから、その練習生から聞いて下さい。
では皆様いついつまでも元氣にやって下さい。
父上、母上、幸子、智、紫子、千ちゃん、皆さようなら
守
皆々様

荷物の方も行李だけは後から送ります。トランクは練習生が外出の時家まで持って来て呉れます。練習生が遊びに来たときは可愛がってやって下さい。その練習生は練習機で離着陸だけやって後取止めになったものです。残念ですが致し方ありません。
師範学校の方にも宜敷
川瀬、猪飼のお母さんにも宜敷

碓本守さんの最期の手紙（複写）　碓本綾子さん提供

れぞれ海軍に志願入隊していました。一家みなが国のためにつくす「軍国の家」として新聞に載ったことがありましたが、久義さんはその心中を明かすことはほとんどありませんでした。

「空の決戦場へ三兄弟　母も白衣天使の殊勲者
決戦下の青少年に大空へ志願を勧めるわが父と、嘗《かつ》ては病院船に乗り込み傷つき病める勇士の〝優しき天使〟として活躍したわが母とに励まされ海の雛鷲《ひなわし》を志願次々と〝空の決戦場へ〟と羽搏《はばた》いて行く頼母《たのも》しい兄弟がある」

【昭和18年7月11日 新聞社不明】

父は、亡くなる半年ほど前のこと。「お母さんは従軍看護婦だった。三人の男の子もみんな海軍へ送りだした。しかし、自分は県庁で兵隊さんを送る仕事をしていたから、辛かったけれど何も言えなかった」としみじみと語りました。

【碓本守さんの実弟　智さん】

練習生が届けたトランク　碓本綾子さん提供

兄は、手紙とともに、出撃前に自分の髪や衣類等をトランクに詰めて送っていました（上写真）。それで母は「いよいよかな」と感づいていたようです。戦後、亡くなるまで、母は何かおいしいものがあると兄に陰膳《かげぜん》を据《す》えていました。また、玄関で音がすると、「守が〝ただいま！〟といって今でも帰ってくるような気がする」と言っていました。

【碓本守さんの実弟　碓本智さん・義妹綾子さん】

「陰膳」は遠くで生きている人に対して、家族が無事を祈って供える食膳のことです。

曽和敏章さん（海軍飛行専修予備学生）

私と兄とは2歳違いです。子どもの頃からよく一緒に遊んだし、よく喧嘩もしました。近くの山で陣地をつくって戦争ごっこなどという荒っぽい遊びをしたものです。活動的で、上には強く部下に優しい兄でした。

【曽和敏章さんの実弟　修さん】

曽和敏章さんは海軍飛行専修予備学生として、師範学校第一部の同級生5人とともに、三重海軍航空隊に入隊しました。

その後、鳥取県の美保《みほ》海軍航空隊に配属され、その日から2冊の手帳に日記を記しています。手帳は軍人に与えられた「つはもの手帖」。1冊目には、日記の形式で外出したときや訓練のようすが書かれています。表紙に「遺《のこ》し書《がき》」と書かれた2冊目には、軍人としての思索的な文章や詩が日付をつけずに綴られています。前章で紹介した、海軍予備学生

曽和敏章さんと家族　２枚とも曽和修さん提供

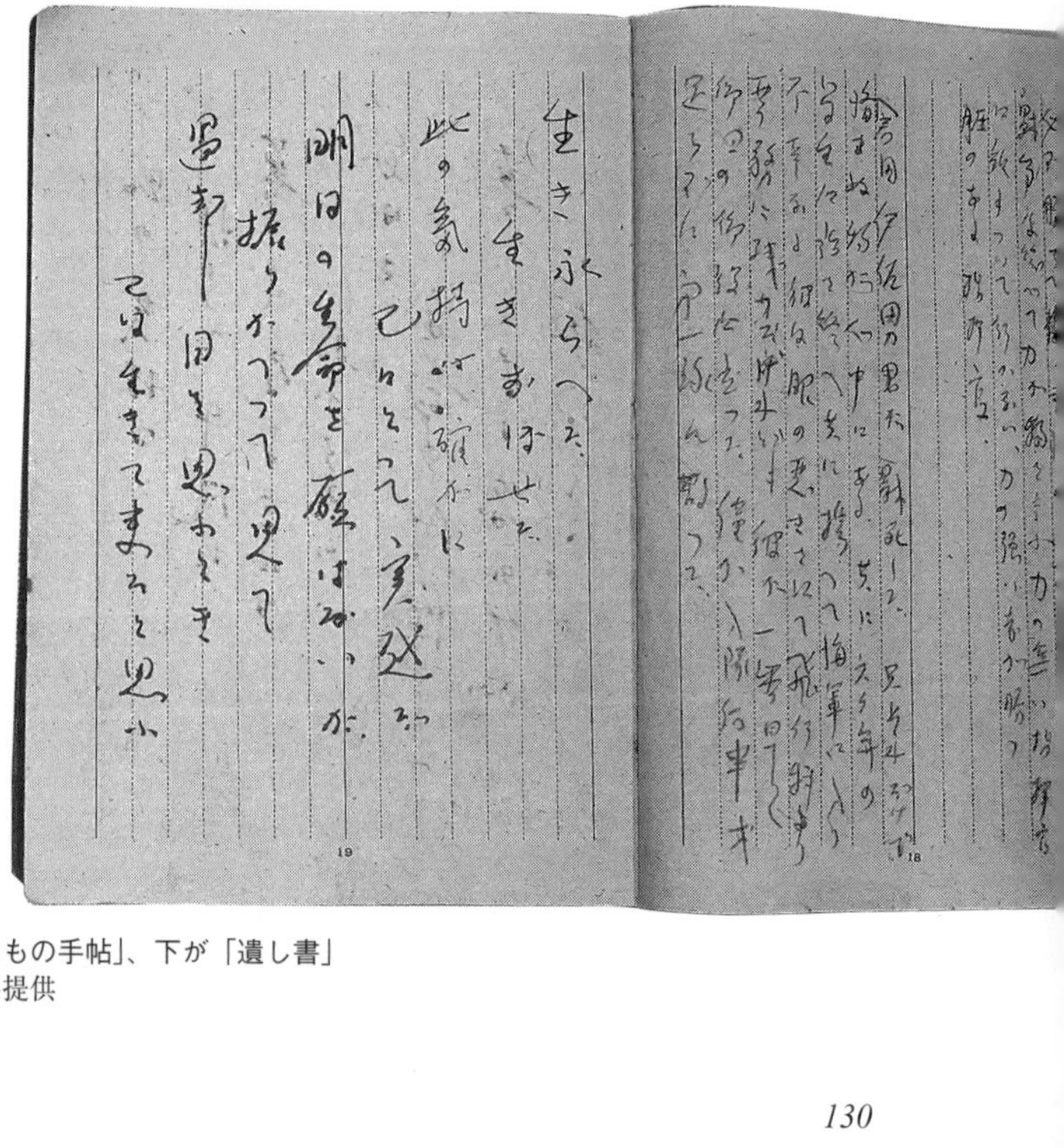

上が「つはもの手帖」、下が「遺し書」
曽和修さん提供

に応募したときの気持ちを回想した手記は、この手帳に書かれていました。

鹿児島県川辺郡知覧町太刀洗飛(行)機知覧教育隊
陸軍特別操縦見習士官　南井福治郎より

「新年おめでたう。貴様も元気で正月を迎へた事だらうと思ふ。今年は決勝の年、実にめでたい事だよ。三重の冬は寒いだらうな。正月には家へ帰ったか？　正月はどんなに暮した。今でも貴様の事だから暇を見つけて五七五七七とやってゐるだらう。近作があったら見せてくれないか。俺は昨年の三十一日に鹿児島に出、皆んな揃って〔宇野、中島、林、中川原〕ね。城山へも登ったよ。南洲翁《なんしゅうおう》が最後の生活を送ったと云ふ洞《ほら》も見て来た。又三ヶ月ぶりで映画も見た。又二日も鹿児島で出て宮田先生〔音楽の〕に出合って来た。恩師に会へて種々話出来て嬉しかった。故郷に近い貴様はこの段幸福だよ。考へて見ると御田村が入隊したのも昨年だったのだね。二等兵で！　自分たちにはより大きな責任と名誉とが双肩にかかって居る事を痛感したよ。

鏡餅リングの上に晴れ姿今年も翔《か》けん決戦の空

リングとは発動機の事だ。ご批評を乞ふ。

さようなら」

陸軍へ行った仲間は入隊して直《す》ぐからじゃんじゃん乗って居る。もう単独飛行をして居る事だらう。今日も此の便りを同じ三重空組の森、倉田、碓本、寺田に見せて話し合った。

結局は海軍には今迄の学校教練と言ふ物がその儘《まま》活用出来ない点が多い。之は無理もない。例へば敬礼一つにしても陸軍の即ち学校では、臂《ひじ》を張って出来るだけ活発なのが良いとされたが、海軍では狭い艦内を基準とするから、どうしても四十五度位に曲げて小さな姿勢で行ふ様に。

学校教練がその儘《まま》用ひられない。強《し》いて言へば陸軍では学校教練の延長が陸軍の教練で一層深く入って行くに過ぎないが、海軍では矢張り「イロハ」の「イ」からやり直さねばならぬ。その為にかく□□には数箇月の基礎教育期間がある訳である。と言っても僅か□～数日にして此処にわれが彼等より以上に乗り廻す事が出来るのだ。

〔月日不明〕

陸軍の知覧教育隊にいた同級生の南井福治郎さんからの手紙を写して、海軍の様子と比較しています。南井さんは手紙で正月の挨拶をしていますが、これは昭和19年のこと。ちなみに、「城山」は鹿児島市街地中心部にある標高107mの小高い山で西南戦争最後の戦地、「南洲翁」は西郷隆盛のこと。曽和さんには短歌を創る趣味があったことがうかがえます。

16日　日曜日、三重空に於ける最後の外出を倉田と一緒に出た。高茶屋《たかぢゃや》（津市南部にある地名）から、森・碓本・寺田と一緒になった。津で下車、松坂食堂で昼食を済ました。森の面会人があって松阪屋へ移る。少し身体の調子悪し。4時前に帰隊、隊門を入ると弟が待って居たのに驚いた。聞けば今日自分も家からは何も便りがなかったが若《も》しやと思って10時半の津着・鳥羽《とば》行を見張って居たのだが、どうした事か会へなかったらしい。

短時間の面会で弟に大変気の毒な目に遭はした。軍刀を持ってきてくれた。17日に鳥取航空隊へ行く旨、その時間を知らせる。16日、三重空5ヵ月間の間の基礎訓練を受けて来た三重空の夜を眠る。

17日　午前中、大掃除。退隊の日に大掃除は少しつらかったが、最後だと思って一人でやった。之《これ》で九分隊二班ともさらばだ。

午後、うろうろしている間に時間が過ぎ3時半「予備学生の一部、退隊されます」のスピーカーを聞いて何となく心が躍る。整列出発。輸送指揮官は第三分隊長萩野《はぎの》大尉。愈々《いよいよ》出発。庁舎前には司令以下文武官が、続いて戦友が（中略）送って居てくれるのを挙手で以て「しっかりやれ」「おう、頑張ろう」と言葉を交すのみ。四時五十八分に高茶屋発、飛行長、分隊士が送って下さった。

列車は我等の希望を乗せて、一路京都へと向ふ。京都近くなり滋賀県へ入ってから懐かしい気持で一ぱい。石山・膳所・大津はプラットで誰も居らぬので京都だと思って列車の止ると共に下車すると思ひがけなく姉が、次に今西・稲田・西君が来て居てくれた。構外へ出ると母・妹・山原が待って居た。弟だけはどうしたのかとうとう見つからなかった。一時間と少し、列車を待つ間話す。そして山陰線へと発つ。

18日夜汽車は疲れた。夜が明けると車外は雪が降って居た。大仙《だいせん》が見える頃から愈々《いよいよ》任地に来たと思ふ。米子《よなご》で乗りかへて、大篠津《おおしのづ》着が8時前、美保空まで二粁《キロ》なり。

重いトランクと軍刀を持ちかへ持ちかへしながら隊門へたどりついた。

〔19・1・19〕

三重空の「倉田、森、碓本、寺田」そして京都駅で待っていた「今西、稲田、西」は滋賀師範の同級生です。京都駅で家族や級友に出会ったときのようすは、稲田さんが碓本さんあてに送った手紙にも記されています（117ページ　碓本さんあて手紙）。

第二回の上陸。今日は単独自由外出。
昨日指定された倶楽部《くらぶ》へ行く。（中略）
少しの間、市内を歩く。倶楽部へ行く。いろいろと歓待して貰って出る、二時頃。映画を見る。久しぶりで娑婆《しゃば》を味わった。と言うより遠い昔の事を想起した気持である。当米子の人々には未だ海軍ノ士官の服に馴れて居ないので自分達が金色の（ボタンの）外套《がいとう》を着て市中へ□れ出ると皆不思議そうにしてゐた。中には自分に「軍艦でも入るのですか」等と聞く人もあった。余り面白くないので早く帰る。娑婆も次第に生活が苦しくなって来てゐるのらしい。それを如実に知った。家の者もいろいろと健

気に生活に耐へて居るのだらう。〔19・1・30〕

「上陸」とは海軍の慣用語で休日外出、「娑婆」は軍隊の外の世界のこと。美保空は18年10月に開設したばかりで、大量の予科練習生が訓練を受けていました。そのため、海軍士官の姿はまだ珍しかったのかもしれません。

上陸。倶楽部の重田医院へ行く。2時頃出て、十字屋で映画を見て帰る。夜は自由。一週間モリモリ頑張るぞ。

娑婆へ出た。何だか落ち着いて居ると言ふよりも活気がなくて頼もしくない。列車中で作業服を着た青年に話しかけたが、町の青年しら□た全然土地に対する愛着がない。それに一部では海軍が出来てから（中略）闇が増して不平が多い相な。それに耕地も沢山飛行場となった為、大篠津村では他と合併せねばならぬ破目になったらしい。

しかし、俺達は何もそんな事は考へる事はない。只々一途に己れが不□を尽せばよいのだ。けれども少々村々を歩くと家族でも連れて歩かないと思は無でもない。

〔19・2・6〕

今日の天候も□□だった。丁度自分が乗って列線を□れて離陸点についた時に、又吹雪で飛行中止で引き返し、少し待って再び出発した。離陸した瞬間の気持、誰かが「男に生まれたら飛行機乗りだ」と思ふのは離陸の瞬間だと言ったが正にその通り。

今日は風が強いので、機は中ノ海《なかのうみ》（中海。島根県北東部にある潟湖《せきこ》）の上をグングン上昇する。見る見る八百位迄上昇した。

松江市が見える。米子市も案外小さい箱庭。正に箱庭そのものだ。考えるとここに人間が何十何万住んで居る、働いて居ると思っても、信じられない。

エンヂンの音、ペラの音、ペラから吹いて来る風、之も余り気にならぬ。孫悟空の様に空中を飛び廻る。実に快適だ。第一美保の建築中の建物が見える。今飛び出した飛行場は流石《さすが》におおきい。けれども、同じ様に、離着陸して居る僚機《りょうき》（自分と所属を同じくする飛行機）のなんと小っぽけな事よ。自分の乗って居る飛行機も同じでありながら、そんな事はとても考えられない。

失速に入る。身体□ぐっと廻って海面の白波に横に列ぶ。緊迫した気持。やがて水平飛行、着陸地点の滑走路にぐっと大□しに迫って来る。五メーターでふわっと浮いて三点着陸。

〔19・2・15〕

【以上、曽和敏章さん「つはもの手帖」より】

つぎは「遺し書」です。

倉田伊佐男《いさお》君が戦死した。只、それだけで済まぬ物が心中にある。共に6ヶ年の学生生活を終へ共に携へて海軍に入り、不幸なる彼は眼の悪さを以て飛行科より要務に残ったけれども彼が一番早く御国の御役に立った。僅か入隊後半歳足らずに第一線に散った。

この記事に日付はありませんが、滋賀師範の同級生で三重空でも同僚だった倉田伊佐夫さんがパラオで亡くなったのは19年3月29日のことでした。

生き永らえた、生きおほせた
此の気持が確かに、己にとって実感だ。
明日の生命を願はないが　振り返へって見て
過ぎし日を思うとき　己は生きて来たと思う。
此の気持は　決して平凡に
暮らしている者には、わからない
毎日を、生命の代償として
暮している者のみが、しみじみと
味わい得る、之は己の得権だ。
飛行機乗りの

〔月日不明〕

飛行場の□□迄下りて
パスに乗って来たら
周囲の道を

隊の勤労奉仕の人々が
沢山歩いて居る
直上へ降りる
飛行機に
一寸動揺したが
それでも上を見上げて
夫々《それぞれ》手を振って居る
真黒な憐れな顔
けれども
信頼に満ちて居る
有難うと叫びかけたい
様な衝動にかられる

〔月日不明〕

【以上、曽和敏章さん「遺し書」より】

飛行訓練では死と隣りあわせの危険な訓練が続きました。「遺し書」では、事故なく訓練を続けている安堵《あんど》と充実感、そして「感傷で飛行作業は出来ない」と死の恐怖（それは〝事故死〟ばかりでなく〝戦死〟も含んでいるようです）にかられる自分を鼓舞するかのような詩が書きつづられています。

美保空での訓練を終え、曽和さんは愛知県明治海軍航空隊に移りました。

昭和19年11月24日、B29が名古屋空襲に飛来した時、兄は隊長の邀撃《ようげき》命令で出動しましたが、悪天候のため民家に激突。同乗者3名と共に戦死しました。乗機は艦攻《かんこう》（艦上攻撃機の略）「天山《てんざん》」です。天山は魚雷を装着していて、悪天候の中で高空のB29を邀撃できる状況ではなかったと聞いています。明治基地内の格納庫で兄たちの海軍葬が行われ、そのときの写真が残っています。

【曽和敏章さんの実弟　修さん】

魚雷を装着した艦上攻撃機「天山」

海軍葬のようす　曽和修さん提供

吉田信太郎さん（海軍飛行専修予備学生）

兄の海軍航空隊入隊を父や母がどう受け留めていたかは分かりません。父は助役という公職にあった関係から、村の多くの青年に航空兵へ志願するよう勧めていたはずなんです。そやから、息子が航空隊に入隊することには賛成せざるをえない立場にあったと思うんです。

父は非常に律儀な人でしたから、例の金属供出の時でも在所で率先し協力してました。宣徳《せんとく》火鉢などは勿論のこと、小屋の鎧戸《よろいど》の金物をわざわざ人を頼んで外して貰って、木造のものに取り替えてまでして供出してました。

【吉田信太郎さんの実弟　亀治郎さん】

吉田信太郎さんは三重海軍航空隊に入隊しました。三重空には吉田さんと同じ師範学校第二部の同級生、小林進さんも入隊しています。19年2月に美保航空隊へ移って操縦術の

志願兵検査終了後の同級生の集い。前列右から４人目が吉田信太郎さん

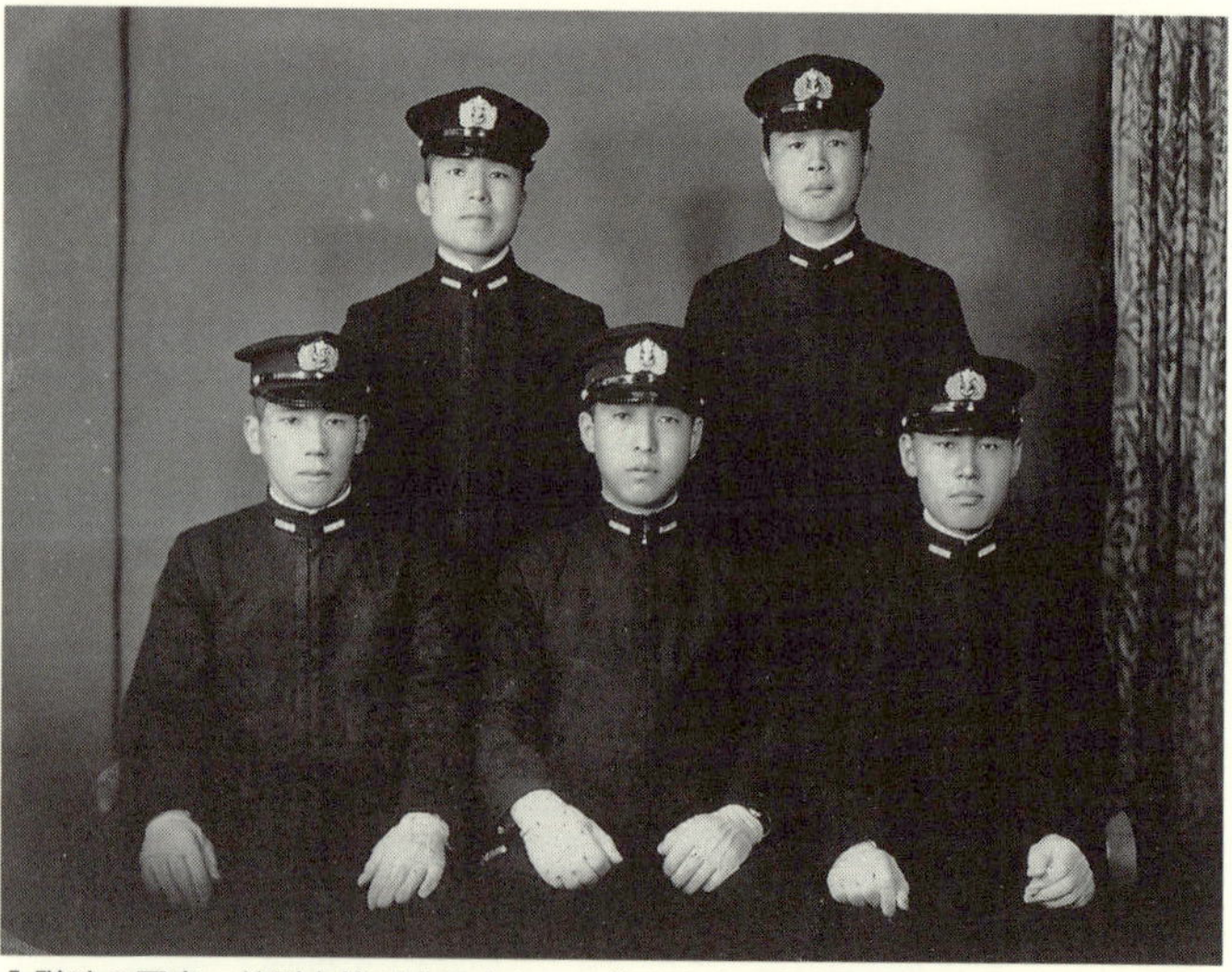

入隊時の写真。前列右端が吉田さん　２枚とも吉田亀治郎さん提供

訓練を受け、19年6月に茨城県百里原《ひゃくりはら》航空隊で艦上攻撃機の訓練を受けました。さらに同年10月に愛知県明治航空隊へかわります。吉田さんは入隊から最後のときまで断続的に日記をつけています。

家に帰ったのが（20日午前）8時で、母は非常に驚きました。後、父の所に行き、学校へ行きて森本と出遭ひ色々と話合った。彼、相変ずの張切りだ。八日市の町も淋しくなった。変らないのは田舎だ。非常に懐かしい。5時に家を立つ。父、駅まで送って戴《いただ》く。有り難かった。

〔日記　19・9・21〕

このときのことは、八日市中学校の同級生森本実さんも憶えておられました。

昭和19年秋であったと思うが、吉田君は真っ白の海軍士官の制服に短剣といった凛々《りり》しい姿で帰郷し、中野国民学校に勤める私を訪ねてくれた。これが彼との最後の出会いであった。

【中学〜師範の同級生　森本実さん】

『滋賀県立八日市中学校第十七回卒　記念文集』昭和六十一年刊　より

20年3月、特別攻撃隊に編成された吉田さんは、鹿児島県串良航空基地へ移動しました。3月23日、アメリカ軍は沖縄上陸の事前攻撃をはじめます。これを阻止するべく、日本海軍は戦艦大和をおとりとする作戦を含む「菊水《きくすい》作戦」を発令します。これには多数の特別攻撃隊を出撃させる作戦が含まれており、陸軍の航空隊もこれに連動して多数の特別攻撃隊を出撃させました。4月1日、アメリカ軍の沖縄本島上陸が開始されます。

さきに紹介したように、宇野栄一さんが陸軍新田原飛行場から出撃する予定だった4月6日は、菊水作戦の最初の出撃が実施された日でした。そして吉田さんも同日、串良《くしら》航空基地を出撃することになりました。

3月31日

皇国の興廃を担っている我々は、今日特攻を命ぜられて今立つ所なり。笑って何処でも行く。昨夜は、小林大尉。高橋中尉・梶原少尉・桜井二飛曹《にひそう》等は未帰還となる。

吉田さん
２枚とも吉田亀治郎さん提供

我は空母に体当たりだ。

すべての隊員は覚悟の上の事だ。

この世には何も出来なかったが、微笑して終えることが出来るようになったことは嬉しい。自分と共に死んでくれるのは皆川・沢二飛曹で、もし住所が分かれば御礼の一つも出して頂きたいと思います。23歳で生を終へるのは残念だが、皇国の為に捨てるこの身は軽いのだ。では家の方の皆様は充分身体に御注意され御幸あらんことを祈ります。

特攻出撃の日。永久にさよなら。あの世に笑って生活して居ります。

4月1日
今日が自分の命日となるだろうと勇んで指揮所に出る。搭乗割（機番号と操縦員などの氏名、要務内容を記入して搭乗員に伝達した黒板）ある特攻なり。
が、整列前に取り止めとなるが、分隊長佐藤少尉が出ることとなる。雷装（魚雷搭載）にて、離陸する。武運を祈る。
夜は、攻撃隊で一同大いに気概を上げる。隊員、大いに元気なり。小林大尉、未帰還はなんたるものだ。自分も勇んで行く所だ。(中略)自分はどうなってもよいが後に残る部下を見事に咲かしてやりたいとつくづく思ふ。何日命令が下りても心準備が必要だと思って就寝する。

4月2日
(前略)早く出撃したいと待って居るが、なかなか命が来ない。この作戦で生命を捨てることを軍人の花なりとつくづく感ずる。皇国の将来を決するときに出撃出来る我等、又とないことだ。明治維新の比ではない。大和男子たるものの国に死したるものこそ、立派なるものである。(中略)
出撃したならば敵の夜戦にくはれないことと、不時着しないことが心配でたまらない。
体当たりは、空母だと心に定めて居る。見事散りたい心で一杯だ。

4月6日
いよいよ俺の命日だ。第一天櫻《てんおう》隊第二番機として出撃する予定なり。死も生も古今の限りであるが、皇国前途のため、生も考えず遥然《ようぜん》として出る。（中略）沖縄の敵空母と体当たりを敢行する迄の武運を祈るのみ。どうか御両親様、御身体に充分御注意下さい。私の逝った後は、私の事なんか考えず、安楽に気を大きくして御生活下さい。妹達もそれぞれ賢くなるよう勉強し、自分で何事もやり、立派な人となって頂きたいと思う。いつも妹達の事を思って寝られなかったこともある。今は笑って貴女達の育って行くのを見守って居ります。弟達はそれぞれ皇国の為、遅かれ御奉公することだろう。家を継ぐものは誰でもよいが、祖先に報ゆる様御尽力下さい。弟達とは少しも連絡が取れなかったが、戦死するまで常に立派になることを祈って居ったと伝えて下さい。親類のみなさんにもよろしく。村の方々にもどうぞよろしく。云いたいことと山の如くあります。が、笑って死んでいくものには何も要りません。空母目がけて体当たりする、実に幸福だ。天櫻の如く皇国の為散ります。さようなら。

【以上、吉田信太郎さんの手帖「随想」より】

吉田さんが出撃する直前、偶然にも同僚を追って串良に着陸した同級生の小林進さんと出会っています（163ページ）。

「滋賀県蒲生郡老蘇村内野　森本実様
　愛知県碧海《へきかい》郡明治基地　吉田信太郎
　御元気で何より。私は一足先に逝かせて頂きます。共に中学、師範時代の生活は快心の所があった。私は此の戦の捨石となり、笑って櫻の花と散ります。貴様も御身体に充分御注意され、皇国の御為に尽くされんをお祈り致します。では、さようなら。」
【『滋賀県八日市中学校第十七回卒　記念文集』出目弘　より】

吉田さんは、２人の偵察士・電信士とともに艦上攻撃機天山に搭乗して出撃し、「南西諸島」で戦死されました。戦艦大和が坊ノ岬沖に沈没した日の前日でした。

昭和20年10月15日に、「吉田信太郎君戦死御通知」という書簡が明治基地第２１０海軍航空隊司令から父あてに届きました。

「本年３月、沖縄作戦開始されるや、当隊も本作戦に参加のため、飛行隊は３月28日鹿児島県串良航空基地に進出、航空作戦に従事致し候処、3月下旬より4月中旬に渡り敵機動部隊沖縄海面に来襲の際、特攻隊員として沖縄航空戦に参加したるに同作戦終了後も遂に味方基地に帰還せず。別紙状況を以て壮烈なる戦死を遂げたるものと認め4月6日付戦死と認定致し候」

別紙（抜粋）

「1、状況昭和20年4月6日敵機動部隊沖縄東方海面に来襲の際、天山特別攻撃隊第一天桜隊として沖縄周辺敵機動部隊攻撃のため、1540串良基地発進、1802『戦艦に体当たりす』と送信後、通信連絡を絶つ。」

昭和20年10月28日、知恩院門跡大僧正《だいそうじょう》の名で兄に戒名が贈られました。

父高信は、大政翼賛会中野村支部長をしていたという理由で公職追放となりました。当時、公職追放は3親等まで及ぶなどと言われていました。

父は昭和20年10月20日付けの記録に「信太郎、戦死の報を受けて」として、次のような和歌を残しています。

あれ思ひこれかと迷ふ己《おの》が身は自然の風にゆられ進まむ

わからないままに村役場助役という立場で働いたことが戦争協力とされてしまい、しかも大切な息子を二人も失った父は、心に大きな空洞を抱いていたと思います。

【吉田信太郎さんの実弟　亀治郎さん】

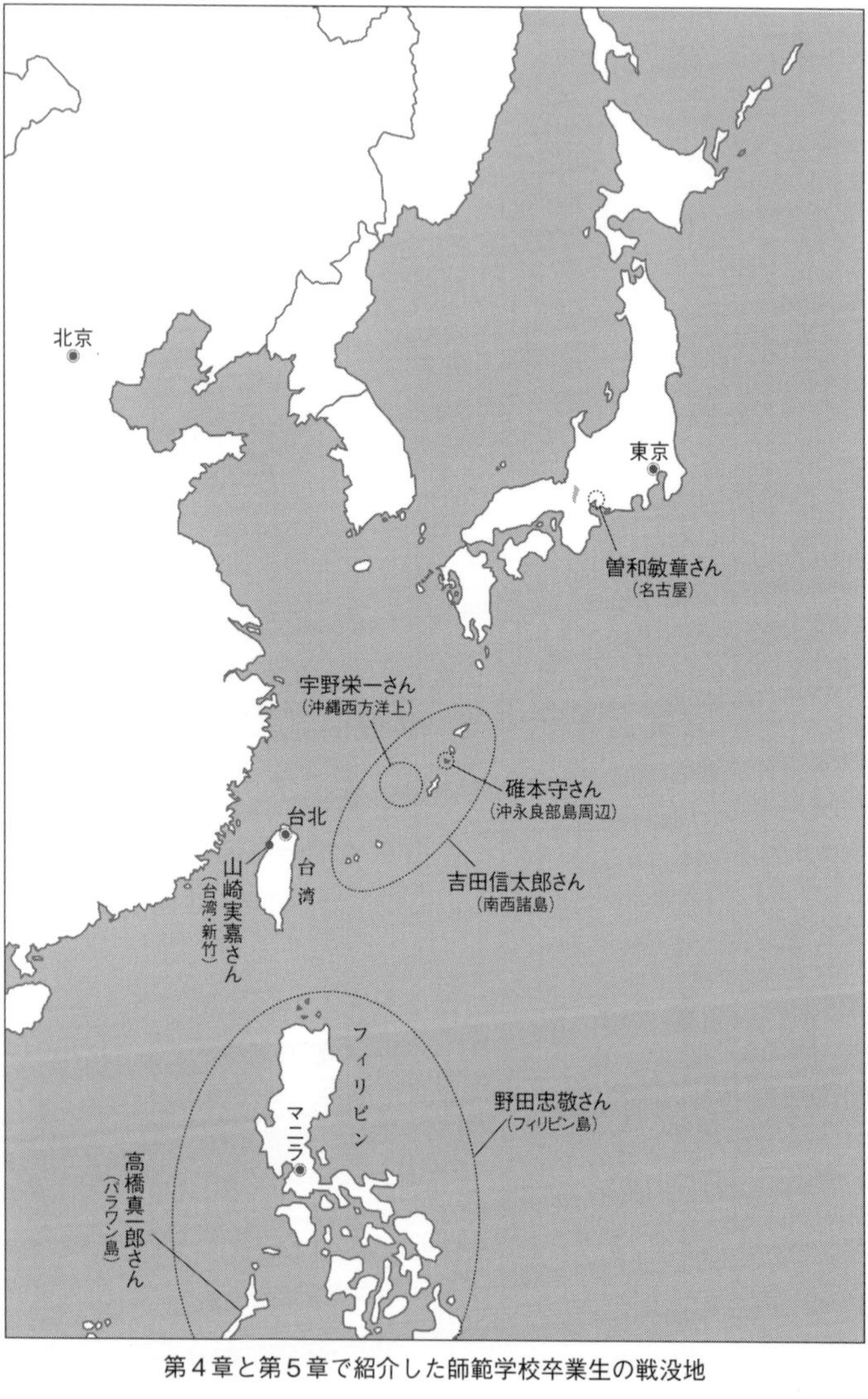

第４章と第５章で紹介した師範学校卒業生の戦没地

5

戦争の終わり

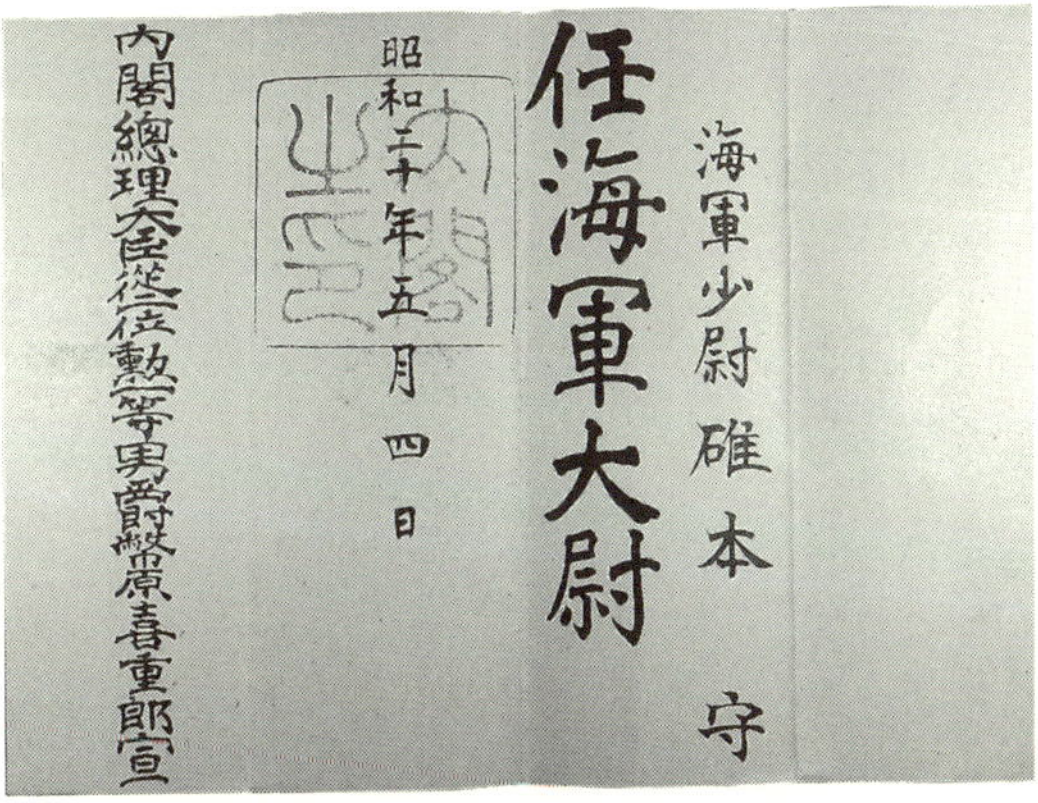
海軍少尉碓本守
任海軍大尉
昭和二十年五月四日
内閣總理大臣從二位勲一等男爵幣原喜重郎宣

碓本守さんの戦没後の昇任証　碓本綾子さん提供

戦死した同級生

高橋真一郎さん

滋賀師範へ通うのに、毎朝家から自転車で東海道の河瀬駅（現彦根市）まで出ていました。近所の人は「真一郎さんの自転車は宙を飛んでいる」と言って笑っていました。それくらいに元気だったのですね。

滋賀師範卒業のとき、兄は海軍予備学生を受験したいと言いました。両親は「そんな危ないことは止めておけ」と引き止めたのですが、兄は自分の意志を貫きました。まず土浦の海軍航空隊に入隊し、鈴鹿海軍航空隊に移動しました。さらに鹿児島へ移りました。

「今は台湾の旅館にて筆を執って居ります。（中略）本日、最後の旅行に出発します。

高橋真一郎さん
右 師範学校時代　左 海軍時代
ともに村田富子さん提供

明日は任地へ着ける事と思ひます。向ふへ着きましたら頑張って敵機動部隊を最後までやっつけます」

（昭和19年10月24日付手紙より）

兄はフィリピン・パラワン島に派遣されていましたが、その後の音信は不通です。のちに「昭和20年3月1日、パラワン島で戦死」という通知を受けただけでした。

【高橋真一郎さんの実弟　溥門さん】

山崎実嘉さん

昭和18年10月、兄は土浦海軍航空隊に入隊しました。昭和19年8月11日、飛行訓練中に千葉県館山《たてやま》沖合10里の洋上に墜落、同乗者3人で漂流していましたが、たまたま通りかかった漁船に救助されたようです。

「乗ってゐたのは3名でしたが、2人は傷を負ひましたが私はかすり傷一つなく唯《ただ》胸を打った丈《だけ》でした。（中略）見渡す限り波ばかり。（中略）約2時間半程泳いだ時、かすかにポンポンポンと云ふ舟の音を聞き、3人で一生懸命呼びました。舟が5米《メートル》～10米位前に来る迄は全然形が見えぬ位の濃霧でした。3時半に3名共漁舟に救助され、又2時間程揺られ5時半頃漸く陸地に到着しました」

〔兄の手紙〕

兄は冗談で、「自分が死んだら何十万円もする棺桶《かんおけ》に入るんや」と言っていました。もちろん飛行機のことです。戦闘だけでなく飛行訓練中はいつも危険にさらされてい

山崎実嘉さん師範学校時代
宇野博巳さん提供

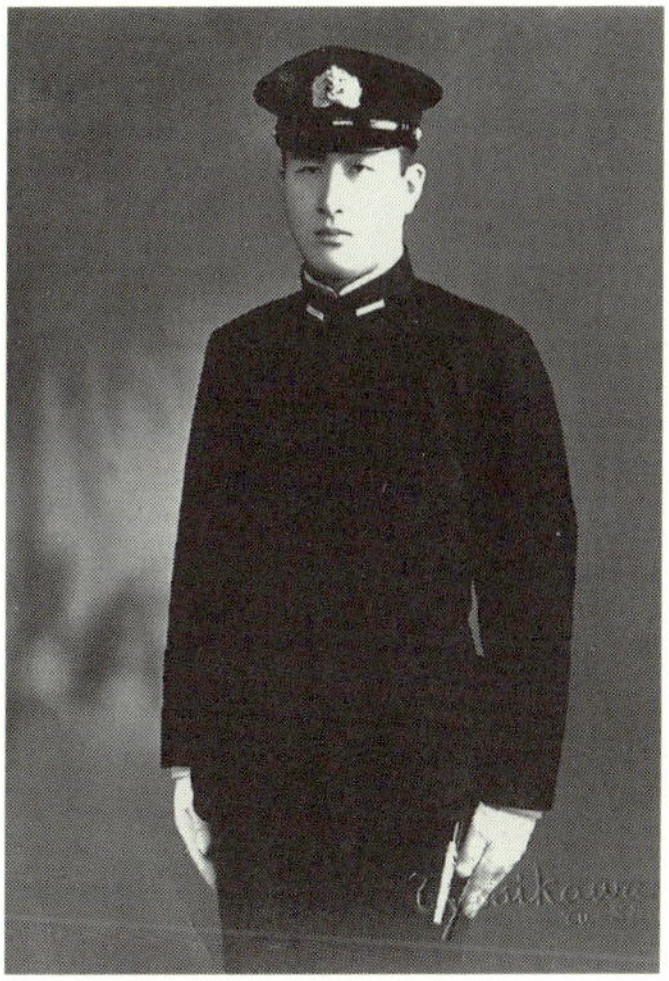

山崎実嘉さん海軍時代
堀井治一郎さん提供

たようでした。
千葉県香取《かとり》海軍航空基地にいるとき少尉に任官し、そして香取基地から前線へ出発するとき、衣服・身の回り品などの入った将校行李《こうり》（本来は士官用の軍装が一式入っている）を家へ送ってきました。そしてその中には、自分の大きな引き伸ばし写真がありました。

「山崎中尉ハ攻撃204飛行隊・攻特702飛行隊ヲ経テ攻撃253飛行隊ニ転勤サル。比島・ジャバ（ジャワ）・昭南《しょうなん》（シンガポール）ノ基地ヲ経テ台湾新竹ニ。活発ナル人ニテ偵察員トシテ此ノ上無シ。6月28日、敵機動部隊現ルノ報ニテ出撃サレ、砲火ノタメ火災ヲ生ジテ直チニ突撃、自爆戦死。」

〔戦友の書付け〕

戦死公報では「昭和20年6月22日」となっていて、どちらが正しいのかわかりませんが、戦死公報の日付を兄の命日としています。

【山崎実嘉さんの実弟　正さん】

野田忠敬さん

野田忠敬さんは昭和20年1月1日、フィリピン島で戦死されました。上の写真は、戦争へいった同級生の写真を集めていた堀井治一郎さんから寄贈を受けた野田さんの姿です。

野田忠敬さん海軍時代
堀井治一郎さん提供

野田忠敬さん師範学校時代
宇野博巳さん提供

戦争をくぐり抜けた同級生

小林進さん

海軍予備学生に志願し、昭和19年1月21日まで三重海軍航空隊で基礎訓練を受けました。次いで徳島海軍航空隊に移り、練習機で訓練を受けています。昭和19年7月初めに姫路海軍航空隊へ転属し、ここで九七式艦上攻撃機の偵察員として訓練しました。九七式艦攻の搭乗員は3名で、操縦士は飛行機の操縦、偵察士は地図・画板・コンパスを持って飛行コースを指示したり、暗号電文を作って電信士に渡すこと、目標に照準を合わせて魚雷や爆弾の投下など、電信士は電報の授受や旋回機銃での応戦するのが役割です。

姫空にいるうちに特別攻撃隊の編成が行われました。私たちの隊は「和気部隊護皇《ごおう》白鷺《はくろ》隊」という名前が付けられました。特別攻撃隊には一応希望者を募るのですが「いや」とは言えない雰囲気で全員が志願し、私の隊は昭和20年3月21日に宇佐《うさ》海軍航空隊（大分県）への移動命令を受けました。

空襲を避けて宇佐空から美保海軍航空隊に飛行機を避退させたとき、途中でエンジンの具合が悪くなったので宇佐空へ引き返したのですが、着陸時にブレーキが故障したため、機が回転して片脚と翼を中破《ちゅうは》（修理によって再び使用が可能になる程度の破損）してしまいました。操縦していたのは練習生でした。姫路航空隊へ行ってかわりの九七式艦攻を受け取り、これに乗って4月5日夕方に宇佐空へ戻ると、私の隊は串良《くしら》（鹿児島県）に進出したあとでした。

翌日（4月6日）、串良基地へ到着すると、私の護皇白鷺隊はこれから出撃するところでした。私も行くというと、佐藤隊長から時間がないから次の出撃に参加せよと命令されました。仕方なく宿舎に戻ろうとしたとき、出撃直前の吉田信太郎君に出会ったのです。吉田君は滋賀師範の同級生で三重空の同僚です。

「姫空から宇佐空を経て当基地（串良）に着陸し宿舎へと急いでいた時である。前方から独りの士官がニコニコしながら片手を挙げてこちらへ近づいて来た。よく見ると同級生の吉田信太郎君であり、「俺はちょっと先に行くよ。後を宜《よろ》しく」と他の隊員と一緒に飛行場へと消えて行った。沖縄特攻へ出撃したのである。」

昭和18年滋賀師範卒業生『卒業50周年記念誌』「終戦時に想う事（同級生二人）」小林進　より

4月8日出撃の編成に組み入れられ、前夜はドンチャン騒ぎの酒盛りをやってくれたが、当日は朝から雨で出撃は中止。11日の出撃となり、そのつもりでいたら、10日朝に隊長から「姫路で生徒や練習生の訓練に当たれ」との命令。結局、私は姫路航空隊に帰り、練習生の教育にあたりました。

姫路で飛行訓練中、艦上攻撃機「天山」が降りてきて、同級生の山崎実嘉君が現れました。エンジン故障で不時着したとのことでした。のちに山崎君も石垣島付近に出撃して戦死してます。

昭和20年7月20日過ぎ、今度は茨城の百里原《ひゃくりはら》海軍航空隊へ転勤になり、汽車で行く許可を得て、途中、親元に立ち寄り、奉職予定であった長浜国民学校へあいさつに行ったんです。いずれは自分も戦死するだろうと思ってましたから。

終戦時は、谷田部《やたべ》空（茨城県）に所属してました。いくつかの偶然が重なって、結局私は生き延びたのです。

【小林進さん】

村田喜一さん

昭和18年8月、八日市小学校で徴兵検査を受け、一番に甲種合格を言い渡された。このころ、海軍では航空決戦に備えて、損耗《そんもう》の激しい飛行搭乗員の養成が緊急課題

村田喜一さん海軍時代
村田富子さん提供

村田喜一さん師範学校時代
宇野博巳さん提供

であったので、大量の予備学生募集を呼びかけていた。高い教育を受けた大学高専の卒業生は、短期間の軍事教育で下級士官に育成できる人材として目をつけられたのである。いずれ国のために命をささげなければならぬのなら、今の戦況にもっともプラスになる海軍飛行予備学生に入ろうと、海軍の予備学生に志願した。待遇は兵曹長（下士官）の上、海軍兵学校卒の少尉候補生の下という好条件もあった。

9月25日が滋賀師範学校の繰り上げ卒業式であったが、それより早く9月13日に土浦航空隊（茨城県）に入隊した。第13期予備学生5200名のうち、半分は三重航空隊に分かれた。土浦空には野田忠敬、山本成夫、山崎実嘉、高橋真一郎など滋賀師範の同級生が一緒だったが、前期組に入った彼らは2ヶ月で基礎訓練を終了した。前期組は実戦に出るのも早かったので、戦死者も多かった。

土浦では息を抜く暇はない。隊内での移動は駆け足、足はいっぱい上げなければならず、引きずるような走り方ではすぐに鉄拳《てっけん》が飛んでくる。起床から巡検まで鍛錬と学習の連続で、分刻みの日課である。後期組の私は1月に上海へ行くことになった。

開隊したばかりの上海では、偵察要員として訓練を受けた。5月に少尉に任官するまでの訓練は凄かった。海軍兵学校で3～4年かかるところを、全部でわずか8ヶ月

土浦海軍航空隊に入隊した同級生。左から前列が高橋さん、山崎さん、山本成夫さん、後列が安原将次さん、野田さん、村田さん
村田富子さん提供

でしあげようとしたのである。兵学校出身の正規の士官からは態度が悪いと差別を受け、（予科練などからたたき上げた）下士官・特務士官からは、上位者なのに技量が未熟と妬《ねた》まれた。それでも、第13期予備学生は黙々と厳しい訓練に耐えていった。

戦局が厳しくなる中で、フィリピン島ダバオ基地へ赴任せよと命令がきた。前線進出である。便乗船があるまで待機するうちにダバオが攻撃されたため、ダバオ航空隊の転進先である松山基地（愛媛県）に赴任することになった。松山基地では生き残った実戦部隊が再起をかけて、事故死者が出るほどの猛訓練を行っていた。予備学生出身者にとっては取り付くしまもない。ここではじめて海軍士官として従兵がつく待遇となり、食事も予備学生時代からみると大変なご馳走がでた。

昭和19年9月3日、九七艦攻で訓練中にエンジン故障で海上に不時着する事態が起こった。エンジンが突然不調になり、排気管から煙が出てプロペラも止まってしまった。機体がどんどん落ちていく中で、計器が示す数字を記録しなければならない。恐怖感と緊張感の中で、頭と手足は普段の半分も動かなかった。凄い衝撃と水しぶきとともに海中へ突っ込み、流れ込む海水に逆らって脱出した。どのくらい泳いだか、近くを通った漁船が助けてくれた。飛行機はクランクの折損《せっそん》ということで、お咎《とが》めを受けなかった。

10月の台湾沖航空戦に、松山基地にも出撃命令がきた。整備兵は出撃準備に殺気立ち、出撃を待つ攻撃隊員は瞑想するものや、雑誌やキャッチボールで気を紛らわすものなど様々であった。離陸する攻撃機を見送るわれわれは、祈る気持で帽を振った。陸軍も参加した大作戦だったが、「敵機発見」の無線に続く報告はなく、応答は途絶えてしまった。

敵空襲がはじまっても、後日に備えるとのことで、迎撃することもできなかった。不沈戦艦と呼ばれた憧れの戦艦大和が沈没したと聞いたときには、乗り組んだ同期生の安否を思ってやりきれない気持ちになった。艦隊と空母を失った海軍飛行隊には、自爆攻撃をするしか道が残されていない。その覚悟をしていた私には、中尉に進級しても感激はなく、重苦しい毎日であった。そんななかで、天皇陛下の玉音放送を聞いた。

【村田喜一さんの手記より】

田中浩二さん

海軍予備学生に志願して、18年の9月から土浦海軍航空隊に入隊して半月間の適性訓練がありました。結局、飛行機ではなく地上防空隊に入ることになったので、死なずに生きてるんですな。

そして舞鶴へ配置になって、南九州大隅半島の鹿屋《かのや》基地の笠原分遣隊に行きました。昭和19年です。笠原基地の周辺に砲台を据えて、飛行場を守ってました。ここでは機銃でしたが、1つの砲台に12門もってまして、私はそこの砲台長でした。そこに19年から終戦までいました。

あの頃は制空権もないし、連日敵機が来ました。多いときには1日に延べ3000機来ました。そして、時々グラマンが急降下してきて、ばっばっと機関銃撃って、すーと飛んでいく。もう終わり頃はね、敵前上陸に備えて弾は使わんとこと。それで、いっくらやられてもやられっぱなしでね、みんな壕の中で、じっとしてました。

基地の機銃掃射は昼間です。夜はまわりの集落へ焼夷弾を落としよって焼け野原になりましたな。空襲があるたんびに滑走路は蜂の巣みたいに穴だらけ。そうすると、一晩のうちに兵隊がもっこで土運んで穴埋めて、その上へ金網を載せて飛び立つんです。笠原でも特攻機が飛び立ちましたが、私たちは基地防空隊で、同じ航空隊でも任務は全然違います。

何の疑いもなしに負けるとは思っていなかった。しかし、実際は軍隊の内部は暗かったですな。終戦のときは泣いてましたな、若い将校は。でも、兵隊は郷里に帰れると喜んだね。

九死に一生を得ましたが、たくさんの死んだ友達には申しわけないという気持ちがときどきあります。

【田中浩二さん】

森石雄さん

私は、昭和18年9月25日に滋賀師範を卒業し、市原国民学校に奉職しました。そして、昭和19年5月15日に現役で舞鶴海兵団（京都府）に入団しました。新兵に対するシゴキはきつかったですが、海軍にも良識があったんです。

隣の隊でのことですが、射撃訓練のあと、教官が成績の悪い者を何度も走らせて、そのシゴキが原因で一人の兵が死亡したんです。この時、隊長が「陛下の兵隊を殺すとはなにごとか」と強く指導者を叱責《しっせき》されました。そのおかげでシゴキはゆるめられたことがありました。

学校教員は兵役を半年にして学校現場に戻らせる制度（短期現役制）がありましたから、当時は「半年すれば帰れる」という程度に考えていました。ですが短現制がなくなり、様子が変わって「特別予備学生の応募資格があるから志願してはどうか」と勧められたんです。そこで70名あまりが予備学生を受検し、私を含めた10数名が採用されました。

昭和19年8月はじめ、霞ヶ浦海軍航空隊（茨城県）で飛行機の適性検査があり、私は飛行科ではなく三浦半島（神奈川県）の武山《たけやま》海兵団（兵科）へ回されました。飛行機が足りなくなっていたからでしょう。当時は舞鶴でも飛行予科練習生が防空壕造りに励んでいたほどでしたから。武山へは8月29日に赴任しました。

昭和20年2月末に長崎県大村湾の川棚《かわたな》に移りました。川棚では、当初、10人乗りくらいの魚雷艇で訓練を受けましたが、実戦的でなかったため、ベニヤ合板で作られた小型モーターボートの特攻兵器「震洋《しんよう》」の攻撃訓練に切替えられたんです。

20年5月、山口県にある柳井《やない》潜水学校に入りますと、「長男は手を挙げよ。その者はこれからいうことには志願するな」との前置きがあって、特殊潜行艇（海龍）での特別攻撃隊の説明があった。「長男であろうと二、三男であろうと国を思う気持ちには変わりない」と申し出て全員が志願し、こうして特攻隊が編成されました。当時、少尉で70円の俸給でしたが、われわれ特攻隊員は４００円くらい貰ってました。金を使う機会がないので、外出したときには一晩で１００円くらいを酒や飯代に使いましたが、それでも金があまってしかたがなかったほどです。

7月下旬に潜水学校を卒業しました。この時、潜水学校長〔大佐〕は、「日本の敗戦は確定的だ。君らは命を投げ出し特攻隊員に志願してもらったが、もし一命を取り留めたなら祖国の再建に役立つ人間になってくれ。責任はわれわれ職業軍人が取る」とあいさつされたのが、非常に印象的でした。

卒業後、横須賀へ配属されました。任務は首都防衛です。途中、空襲のため大阪で2日間足止めを食いました。街を歩いていると、大勢の市民が何かで散らばった大豆を競って拾っていました。市民生活が苦しくなっているのを痛感しました。滋賀県を通過する時、列車に乗り込んできた神崎《かんざき》商業学校〔現、八日市高校〕の生徒のなかに、家の近くの生徒がいたので、「両親にこれから出撃すると伝えてくれ」と頼みました。

横須賀に着くと「この船に乗るのだ」と工場に案内されたが、空襲で製造工程が遅れて、まだ竜骨《りゅうこつ》（船の背骨となる主要部材）しか出来てませんでした。私はここで敗戦を迎えました。

終戦詔勅《しょうちょく》があったあと、「これは陛下が脅されて出された詔勅だ。戦争は継続だ」などとデマが飛んだんです。私も「真相が分からないうちは戦争継続だ」といいました。われわれ若い士官の間で、「自分たちも陛下をお守りしよう」という声が出たので、予備の刀をもう一本ずつ買いに行ってるんです。相当殺気だっていました。部隊の上層部は、「上を信じて自重せよ。お前たちは何もいわずに故郷へ戻れ」と説得されましたが、もし「力になろう」とでもいう人がいたら大変なことになっていたと思います。

【森石雄さん】

今西莞爾さん

私は昭和18年9月30日に滋賀師範を卒業して、10月から大津市中央国民学校に奉職し高等科を担任しました。三重航空隊にいた碓本君に面会に行くと、「今西、お前、こんな所へ来なくてよかったよ」と漏らしてました。

翌年3月、私あてに召集令状が来ました。臨時召集です。右目を失明しているので、徴兵検査では丙《へい》種でしたから、普通なら召集はないはずでした。家を出るとき、父は「生きて帰って来いよ」といいましたが、「この非常時に父は何ということをいうのだろう」と思ってました。

入営時には身体検査があるんですが、ここで「即日帰郷」を命ぜられる者もいたんです。検査の医者には「片目では、苦労するぞ」といわれましたが、「何とかしてお国の役に立ちたい」との一念で、即日帰郷の措置を断ったんです。

しかし入営してみると、すぐに軍隊の馬鹿馬鹿しさがわかりました。些細なことでリンチが行われ、正当な発言でも上官への反抗と受け止められて罰を受けます。いくら国のためでも、「こんな軍隊はいやだ」と思いました。

昭和19年3月から7月まで5ヵ月のあいだ平壌《ピョンヤン》にいて、そこで召集解除となって（大津市の）中央国民学校に復職しましたが、今度は石山の東洋レーヨンの勤労動員に生徒を引率し、生徒とともに寝泊まりしながら軍需生産に従事することになりました。

昭和20年6月、再び私は召集令状を受けて、九州の鹿屋飛行場に配属されました。そこでは、山の中腹の何千人と入れる大きな洞穴で生活しました。古参兵からは、米軍が上陸して来たら爆弾を抱いて戦車や上陸舟艇《しゅうてい》に飛び込むのだと聞いていました。そうしているうちに、終戦を迎えました。9月中は施設を米軍に引き渡す作業に従事して、10月になって帰郷しました。

【今西莞爾さん】

6

40年が過ぎて

卒業40年目の同窓会

昭和18年に滋賀師範学校を卒業した人たちは、卒業40年を記念して同窓会を開きました。昭和58年（1983）のことです。そしてこの機会に記念誌『奉公』を作成しています。

昭和18年卒業生の同窓会の名称は「滋師一八会」。記念誌の名称は、滋賀師範学校の伝統ある学生自治組織「奉公団」が刊行していた会誌『奉公』に由来するようです。「奉公団」は部活動や購買部の運営、寄宿舎の献立・炊事等を学生だけで行っており、ほかの学校には見られない独特の存在でした。奉公団の団歌は卒業生にも愛唱されたといいます。

本書の最後に、同誌に書かれた2名の方の文章を掲載させていただくことにします。

「雑感」　稲田忠龍

想えば昭和18年9月25日、大東亜戦争最も激しい中師範学校を卒業して以来、40年が過ぎた昨今、還暦を迎えた小生である。同級生の諸君如何《いかが》お暮らしでしょうか。殆《ほと》んどの諸君が40年の教職生活をめでたく終え退職し、ホッとしておられるでしょう。小生もその一人です。第二の人生を如何に充実させていくかが小生の課題と考えつつ現在地域の公民館に務めております。時々同級生の立岡君（同じ草津市立公民館勤務）と出会っての話題は、健康が第一やなあ、お互に気をつけや……白髪が増えたなあ……次には学生時代の思い出話しに花が咲き、苦しかった40年前の軍事教練、伏臥《ふくが》前進中当時配属将校の高野大佐（キャップのニックネームはどうしてついたのか）にしぼられ軍刀や靴で背中を叩かれ蹴られたこと。また、饗庭野の軍事演習で午前5時寒さに震え上がる払暁戦《ふつぎょうせん》（明け方の戦闘）、この時戦友の山崎実嘉君（海軍予備学生13期戦死）が塹《ざん》壕《ごう》の中へ落ち込み帯剣を無くし5人の戦友が探しに行ったこと。今こうした苦楽を共にした何人かの同級生の諸君が尊い生命を国のために捧げ散華《さんげ》した（若くして戦死すること）英霊の冥福を心から祈る次第です。そうした同級生のお陰で何とか60歳まで生きてきたことを感謝しなければならない。

私達が受けてきた戦前、戦中の教育が良いか悪いかを別にして。

「水漬く屍・草むす屍の友」　浅井　浄

「海行かば」で巣立った卒業式は、今でも脳裏に生々しい。その卒業試験、数学の時間〔選択教科であったかもしれない〕。私は、十分な時間を残して解答を終えた。

目をあげると、隣に座っていたKとUは、白紙のまま、手持ち不沙汰《ぶさた》にしている。Kは海軍予備学生に、Uは陸軍操縦見習士官に合格しており、気持はすでに軍人に〔思いを〕馳《は》せて、卒業試験など捨ててしまい、見向きもしていない。私には、KとUの気持ちは透き通って理解できるが、白紙ではかわいそうと思い、そっとKに私の答案用紙を廻した。Kは「ニコッ」として、数行を写し、それをまたUに廻した。試験の監督は大学を出たての、若いS先生であった。試験の時間は、何事もなかった。

数学の時間が終わるや否や、私は教官室に呼び出された。S先生はじめ、数名の先生にこっぴどくやられた。私は何も弁解しなかった。

KとUと私は、どうして親しくなったのか、その理由らしいものは私にもわからないが、何時頃《いつ》からか、急速に親密さが増していた。Kは滋賀県、Uは京都、私は岐阜県。夏休みは、自転車で琵琶湖一周をしたり、また、三重県の津や尾鷲《おわせ》の海岸で、数日キャンプをした仲であった。
KとUは戦死をした。水漬《みづ》く屍《かばね》・草むす屍となった。
心から冥福を祈る次第である。

※文中の「K」は倉田伊佐夫さん、「U」は宇野栄一さんと思われます。標題と文末に使われている「水漬く屍・草むす屍」は歌曲「海ゆかば」の一節です(94ページ)。

あとがき

本書で紹介した卒業生の方々は、終戦後、教員として学校に復職されました。そして、滋賀県内自治体の教育長や教育委員、小中学校校長として戦後の教育界に尽力された方が少なくありません。私どもが知りえた範囲では、次のように判明しています。

今西莞爾さん　大津市教育次長・大津市教育委員長
古田新次さん　栗津中学校（大津市）校長・大津市サッカー協会会長
堀井治一郎さん　草津市教育長
森　石雄さん　八日市市教育長・政所中学校（現東近江市、廃校）校長
田中浩二さん　多賀小学校（多賀町）校長・日本美術家連盟会員
村田喜一さん　五個荘中学校（現東近江市）校長
森本　実さん　聖徳中学校（現東近江市）校長

また、本書では昭和18年に卒業した方に焦点を絞りましたが、ほかの年に卒業した方々にも、戦争へ征き、戦死なさった方が多数おられます。同窓会名簿から判明した卒業年別の戦没者数は次のとおりです。

昭和10年（1935）	2名
昭和12年（1937）	1名
昭和13年（1938）	1名
昭和14年（1939）	2名
昭和15年（1940）	36名
昭和16年（1941）	24名
昭和17年（1942）	36名
昭和18年（1943）	16名

昭和15年から戦没者が急増したのは、前年に短期現役兵制度が廃止されたことと関係すると思われます。また、本書で紹介した昭和18年の翌年以降に戦没者はおられません。

年以降に飛行兵に志願した方は、すでに訓練用飛行機すらなかったといいます。同時期に現役兵で入隊した方は、基礎訓練を終えた時点で近海の制空海権が失われていたため外地へ渡航できず、本土で敵上陸に備えるしかなかったことが幸いしたと思われます。

人の生死を運不運で語ることは適切ではありませんが、昭和18年に卒業した方々は巡り合わせが悪かったといわざるをえません。戦争は理不尽な運命を強いるものであることをあらためて思い知らされます。戦没された皆さまと、苦難多い戦中を生きぬき、戦後復興に尽くして亡くなられた皆さまのご冥福を心よりお祈り申し上げます。

本書に掲載した体験談と遺品等につきましては、次の方々にご協力をいただきました。ご協力くださいました皆さま、あるいはそのご遺族の皆さまには、本書に掲載することにつきましてあらためてご快諾いただきましたことを、深くお礼申し上げます。

体験談聴取・遺品等寄贈の時期

平成3年（1991）～平成27年（2015）

協力者

浅井　浄　　今西莞爾　　碓本　智　　碓本綾子　　宇野博巳　　小林　進

曽和　修　　高橋溥門　　田中浩二　　出目　弘　　橋本武浩　　福田哲郎
福田ハツノ　　古田新次　　堀井治一郎　　三輪剛彦　　森　石雄　　森本　実
村田富子　　山崎　正　　吉田亀治郎

（敬称略、順不同）

また、本書の執筆にあたりましては、次の方々からご教示・ご協力を賜りました。記してお礼申し上げます。

稲田忠龍　　長谷川良治　　山口健治（滋賀師範学校 昭和18年卒業生）
中島伸男　　馬場義弘　　大津市立図書館

（敬称略、順不同）

主要参考文献

日本教育史文献集成『滋賀県師範学校六十年史』第一書房（復刻）１９８１年
蜷川壽惠『学徒出陣　戦争と青春』吉川弘文館　１９９８年
川崎源『滋賀大学教育学部１２０年史』　滋賀大学教育学部同窓会刊　２００１年
西山伸「京都大学における「学徒出陣」」『京都大学における「学徒出陣」調査研究報告書』第一巻　２００６年
一ノ瀬俊也『皇軍兵士の日常生活』講談社　２００９年

戦時下の滋賀師範 —昭和18年の卒業生—　淡海《おうみ》文庫56

2016年9月1日　第1刷発行　N.D.C.216

編著者　滋賀県平和祈念館
〒527-0157 滋賀県東近江市下中野町431
電話 0749-46-0300

発行者　岩根順子

発行所　サンライズ出版株式会社
〒522-0004 滋賀県彦根市鳥居本町655-1
電話 0749-22-0627

印刷・製本　シナノパブリッシングプレス

ISBN978-4-88325-183-4　Printed in Japan　定価はカバーに表示しています。

乱丁・落丁本はお取り替えいたします。

淡海文庫について

「近江」とは大和の都に近い大きな淡水の海という意味の「近（ちかつ）淡海」から転化したもので、その名称は「古事記」にみられます。今、私たちの住むこの土地の文化を語るとき、「近江」でなく、「淡海」の文化を考えようとする機運があります。

これは、まさに滋賀の熱きメッセージを自分の言葉で語りかけようとするものであると思います。

豊かな自然の中での生活、先人たちが築いてきた質の高い伝統や文化を、今の時代に生きるわたしたちの言葉で語り、新しい価値を生み出し、次の世代へ引き継いでいくことを目指し、感動を形に、そして、さらに新たな感動を創りだしていくことを目的として「淡海文庫」の刊行を企画しました。

自然の恵みに感謝し、築き上げられてきた歴史や伝統文化をみつめつつ、今日の湖国を考え、新しい明日の文化を創るための展開が生まれることを願って一冊一冊を丹念に編んでいきたいと思います。

一九九四年四月一日